평화가
모두와 함께

LEONE XIV. E Pace sia! Parole alla Chiesa e al mondo
© 2025 Dicastero per la Comunicazione – Libreria Editrice Vaticana

Korean translation © 2025 Catholic Publishing House

평화가 모두와 함께

2025년 10월 24일 교회 인가
2025년 12월 8일 초판 1쇄 펴냄

지은이 · 레오 14세 교황
옮긴이 · 가톨릭출판사 편집부
펴낸이 · 정순택
펴낸곳 · 가톨릭출판사
편집 겸 인쇄인 · 김대영
편집 · 박도연, 박다솜, 허유정
디자인 · 강해인, 우지수, 이경숙, 정호진
마케팅 · 임찬양, 안효진, 황희진, 노가영, 이영실

본사 · 서울특별시 중구 중림로 27
등록 · 1958. 1. 16. 제2-314호
전자우편 · edit@catholicbook.kr
전화 · 1544-1886(대표 번호)
지로번호 · 3000997

ISBN 978-89-321-1981-6 03230

값 20,000원

성경 · 교회 문헌 ⓒ 한국천주교중앙협의회, 2025.

이 책의 한국어 출판권은 (재)천주교서울대교구 가톨릭출판사에 있습니다.
저작권법에 의해 보호를 받는 저작물이므로 무단 전재와 무단 복제를 금합니다.

가톨릭의 모든 도서와 성물, 디지털 콘텐츠를 '가톨릭북플러스'에서 만날 수 있습니다.
https://www.catholicbookplus.kr | (02)6365-1888(구입 문의)

레오 14세 교황의 가르침

평화가 모두와 함께

레오 14세 교황 지음
가톨릭출판사 편집부 옮김 · 한영만 감수

가톨릭출판사

일러두기

1. 성경 구절은 한국 천주교회 공인 성경을 사용했습니다.
2. 보라색으로 표시된 본문 내용은 원문의 맥락 이해를 돕기 위해 감수자가 추가로 제공한 해제입니다.
3. 필요한 경우에 가톨릭출판사 편집부의 [옮긴이 주]를 달았습니다.
4. 미주의 인용 도서와 교회 문헌 중 한국어 번역본이 있는 경우, 원문명이 아닌 한국어 제목을 표기했습니다.
5. 공의회 문헌, 회칙, 권고 등은 〈 〉, 단행본은 《 》로 표기했습니다.

감수자의 글

아우구스티노 성인의 영적 아들이며 아우구스티노회 수도자로서 레오 14세

레오 14세 교황님은 "나는 아우구스티노 성인의 아들이며 아우구스티노회 수도자입니다."라고 말씀하시면서 수도자로서 당신의 정체성을 드러내셨다. 교황님의 이러한 마음은 발표하시는 담화나 연설, 강론을 통해 잘 나타난다. 현재까지 발표된 교황님의 글들 속에는 아우구스티노 성인의 가르침들이 울려 퍼지고 있기 때문이다.

물론 현행 교회법상 주교품을 받으면서 고유 소속 수도회 안에서 지니던 교회법적 의무와 권리는 주교품을 받은 자를 더 이상 강제하지 않는다. 그러나 자신이 성소를 받아 축성 생활의 길을 걷기 시작하면서 살아왔던 소속 수도회의 영성과 삶의 방식은, 주교가 된 사람이 어떤 교구를 맡거나 교회적 임무를 받았을 때 전 교회에 상당한 유익을 가져다줄 수 있는 것이다. 수도회에서 수도자로서 살았던 삶의 방식과 영성의 풍요로움을 사목 현장에서 전파하면서 그리스도의 향기를 더 폭넓게 전할 수 있기 때문이다.

이런 면에서 볼 때, 카푸친 작은형제회 출신이자 얼마 전까지 미국의 보스턴교구장을 지낸 션 제럴드 패트릭 추기경이 주교가 된 후에도 그 수도복을 벗지 않고 생활하던 모습은 (물론 모두가 그래야 하는 것도, 또 의무적인 것도 아니지만) 매우 인상적이었다. 왜냐하면 모든 인간은 뿌리가 있고, 자기 영성 생활의 뿌리인 소속 수도회의 영성을 주교품을 받은 뒤에도 살아 내는 것은 교회 전체에 풍부한 영성적 자산을 나누는 행위이기 때문이다. '뿌리가 없는 꽃이나 나무가 있을 수 있겠는가?' 말이다.

교회법상 아우구스티노 수도회의 역사를 말하자면 1243년 12월 16일 인노센트 4세 교황의 〈우리 책임Incumbit nobis〉이라는 칙령과 이 칙령을 따르면서 1244년 3월, 로마에서 아니발디 추기경의 지도 아래에서 창립 총회를 열고 수많은 은둔자 공동체가 아우구스티누스 성인의 규칙과 생활 방식을 따르기로 한 역사를 언급해야 한다.

391년 사제가 된 아우구스티노 성인은 예루살렘 초대 교회 공동체에서 영감을 받은 평신도 공동체를 위한 수도원을 짓기 위해 히포에 정원을 구입했고 규칙서를 만들었다.

그다음, 히포의 주교로 임명된 성인은 주교 관저에서 살기로 했지만, 성직자들과 함께 공동체 생활을 계속했다. 그리고 주교로 임명된 많은 수도자들이 다른 지역 교회에 수도 생활을 전파하면서 아우구스티노 성인의 정신은 아프리카의 여러 지역으로 퍼져 나갔다. 그 결과 5세기 아프리카에는 아우구스티노의 영향을 받은 수도원 약 35개가 있었다고 한다.

레오 14세 교황님의 이런 소속감은 사목 표어인 "한 분이신 그리스도 안에서 우리는 하나In Illo Uno Unum"를 통해서도 잘 드러난다. 이 표어는 아우구스티노 성인께서 시편 제128(127)편을 해설하며 쓰신 글이기 때문이다. "비록 우리 그리스도인들은 여럿이지만, 한 분이신 그리스도 안에서 우리는 하나입니다."

그뿐만 아니라 교황 문장紋章에 새겨진 방패의 오른쪽에 있는, 화살에 꿰뚫린 채 불타는 심장은 아우구스티노 수도회의 표장이다. 이 또한 고백록에서 성인이 쓰셨던 문장인 "당신께서는 사랑으로 제 마음을 찌르셨습니다sagittaveras tu cor meum charitate tua."를 나타낸다.

그리고 레오 14세 교황님이 가슴에 달고 다니시는 십자가에는 성인 네 분의 유해가 모셔져 있으며 그중 한 분은 바로 히포의 주교 아우구스티노 성인이다. 이 외에도 대大 레오 성인 교황, 발렌시아 대교구장 빌라노바의 토마스 성인 대주교, 테루엘 교구장 안셀모 폴란코 순교 복자의 유해가 모셔져 있으며, 교황님은 이 십자가를 항상 착용하고 활동하신다.

선교사로서 레오 14세

미국인이면서 동시에 남미의 페루 시민권자인 레오 14세 교황님은 수도자로서 상당한 시간을 선교사로서 생활하셨다. 그분의 선교적 생활 자세, 관점, 대중 신심에 대한 깊은 관심 등은 앞으로 가톨릭 교회가 선교사명을 수행하는 데 강력한 힘이 될 것으로 보인다. 왜냐하면 이분은 '말'이 아니라 '선교사의 삶'을 사셨기 때문이다. 교황님은 페루에서, 어떤 면에서는 가장 힘든 곳의 교구장 생활을 하셨다. 그곳은 어느 지역까지만 차로 갈 수 있고 그 다음은 걷거나, 말 또는 노새를 타고 가야 한다고 한다. 도시 생활에 익숙한 사람들에게는 참 힘든 생활일 것 같다.

선교사로의 이러한 경험은 교황님의 연설이나 강론에서 자주 등장한다. 특히 지난 10월 5일 바티칸에서 있었던 세계 선교사와 이주민 희년 미사 강론은 교황님의 선교 방향과 의지를 분명하게 보여 준다. 교황님은 바오로 6세 성인 교황님의 세계 전교 주일 담화를 인용하시면서 이제 우리 모두 안에 선교 소명의 불꽃을 새롭게 하도록 부름받았다고 강조하셨다. "인류 역사의 이 특별한 시기, 전례 없는 진보와 함께 깊은 당혹과 절망이 뒤따르는, 정말 전례 없는 시대에 복음을 선포하는 것은 우리에게 주어진 의무입니다."[1] 레오 14세 교황님은 선교의 개념을 이제 지리적 개념에서 초공간적 개념으로 설명하셨다. 특히 환대와 수용을 통해 그리스도의 사랑으로 어려운 사람들을 받아들이는, 어떤 면에서 새로운 선교 개념을 제시하셨다.

"오랜 세월 동안 우리가 선교라는 것을 복음을 알지 못하거나 빈곤한 상황에 처한 먼 땅으로 가는 것, 곧 '떠남'과 연관시켰다면, 오늘날 선교의 국경은 더 이상 지리적이지 않습니다. 가난과 고통, 더 큰 희망에 대한 열망이 우리 쪽으로 다가오고 있기 때문입니다. 수많은 이주민 형제자매들의 이야기, 폭력으로부터의 도피, 그에 수반되는 고통, 실패에 대한 두려움, 해안을 따라 바다를 횡단하는 위험, 고통과 절망의 외침이 이것을 증언해 줍니다. 형제자매 여러분, 정박할 수 있는 안전한 항구에 도착하기를 희망하는 배들과, 상륙할 안전한 육지를 찾으려는 희망과, 고통으로 가득한 그 눈빛들은 무관심의 냉대나 차별의 낙인을 만나지도 말아야 하고 그럴 수도 없는 것입니다!

선교는 단지 '떠남'이 아니라 환대와 연민과 연대로 그리스도를 선포하기 위해 '머무는 것'입니다. 개인주의라는 안락함에 도피하지 않고 머무는 것, 멀고 고통스러운 땅에서 온 이들의 얼굴을 들여다보기 위해 머무는 것, 그들에게 우리의 팔과 마음을 열고, 그들을 형제로 맞이하기 위하여 머무는 것, 그들에게 위로와 희망의 존재가 되기 위해 머무는 것, 이것이 바로 그리스도를 선포하기 위해 '머무는 것' 입니다."

교육자이며 행정가로서 레오 14세

교육자인 동시에 행정가로서 현 교황님의 모습은 그분의 경력을 보면 쉽게 알 수 있다. 우선 미국 시카고 일리노이 관구에서 성소 국장과 선교 국장을 역임하셨으며, 페루에 계셨던 1988년부터 1998년까지 양성 책임자 및 서원자 교육 담당을 지내셨다. 또한 페루의 성 카를로와 성 마르첼로 대신학교에서 교회법, 교부학, 윤리신학 교수를 역임하셨다. 선교사로서 교수직과 함께 성녀 리타 본당에서 사목 활동을 하셨고 보좌신부로서도 활동하셨다. 레오 14세 교황님은 신학생 시절에 로마의 교황청립 안젤리쿰 교회법 대학원에서 교회법학 석사와 박사 과정을 마치시면서 1987년 "성 아우구스티노 수도회 안에서 지역 장상의 임무"라는 주제로 교회법학 박사 학위를 취득하셨다.

그런 관계로 페루에 선교사로 계시면서 트루히요대교구의 사법 대리를 역임하셨다. 또한 교황님은 1999년 시카고의 성 아우구스티노 수도회의 관구장을 역임하셨고 2001년에 로마에서 있었던 총회에서 총장으로 선출되고 2007년에 재임되시어 두 번에 걸쳐 총장 임무를 수행하셨다. 그 후 시카고의 양성 책임자로 잠시 계시던 중 2014년 11월 3일 페루의 치클라요교구 교구장 서리로 임명되시면서 주교로서의 생활을 시작하셨다. 그다음은 우리가 잘 아는 것처럼 2023년 1월 30일 교황청 주교성 장관으로 임명되시고 같은 해 9월 30일에 추기경으로 서임되셨으며, 2025년 5월 8일 폼페이 성모님 축일에 제267대 교황으로 선출되셨다.

성소 국장, 양성 책임자, 관구장, 총장, 교구장, 주교성 장관 등 현 교황님의 삶은 어떤 면에서 보면 수도회 내부에서 수도회의 기본이 되는 조직의 교육 및 행정 책임자로서 시작하여 총장이라는 포괄적이고 보편적이며 세계적인 위치에 이르기까지 경험을 쌓도록 하느님께서 섭리하셨고, 교구라는 곳에서는 가장 가난한 선교 지역의 교구장부터 시작해 페루 주교회의 부의장을 역임하시면서 국가적 차원에서 페루 교회 전체를 경험하게 하셨다. 총장과 교구장 직위는 행정적 업무 처리만 하는 곳은 아니며, 사목적이고 복음적으로 행정적 업무들을 관리하고 처리해야 하는 자리이다. 주교성 장관으로서는 관할하에 있는 교구들의 주교 임명 절차를 진행하시면서 교회가 요구하는 합당한 신부들을 주교 후보자로 준비하여 교황님에게 제출하는 임무를 수행했다. 그렇기 때문에 현 교황님이 관련 업무들의 교회법적 절차의 중요성과, 그 절차를 위반하는 것이 공동체 전체에 어떤 폐해를 가져오는지 잘 알고 계신 분임을 우리는 이분의 경력을 보면서 짐작해 볼 수 있다.

이 책에는 교황으로 선출되신 후 하셨던 연설, 강론, 담화 등이 담겨 있다. 어떠한 특별한 주제를 중심으로 편집되었다기보다 시간 순서에 따라 모은 글을 정리했다. 독자들께서 교황님의 글을 읽으시면서 그분의 말씀에 담긴 의미를 깊이 느껴 보시기를 바란다.

"평화가 여러분 모두와 함께!"

감수자 한영만 신부

차례

감수자의 글 · 5

1. 무장하지 않은 평화, 무장 해제시키는 평화 · 17
2. 기쁨의 증인들 · 24
3. 기도와 책임 · 32
4. 경청에서 봉사로 · 41
5. 말을 순화하는 것 · 46
6. 평화, 진리, 정의 · 52
7. 사랑과 일치 · 61
8. 유일하신 그리스도 안에서 우리는 하나 · 69
9. 은총, 신앙, 정의 · 76

10. 일치의 건설자들 · 81
11. 경청, 이해, 기억 · 87
12. 소유하는 것이 아니라 자유롭게 해 주는 것 · 96
13. 유일하신 구세주 안에서 하나가 되는 것 · 104
14. 강생과 보편성 · 111
15. 조화로운 우리 발걸음 · 117
16. 경계를 열어 주시는 성령 · 124
17. 성령 안에서 항상 풍요로운 하나의 교회 · 132
18. 베드로의 시선이 되는 것 · 138
19. 희망하는 것은 연결하는 것 · 146
20. 여러분은 희망의 빛이 되도록 부름받았습니다 · 151

21. 서로를 사랑하는 이들의 춤 · *158*

22. 경이로움을 나누는 것 · *166*

23. 자연법이라는 나침반 · *171*

24. 희망을 증진시키기 위한 빵의 나눔 · *178*

25. 예수 성심으로 사랑하는 것 · *185*

26. 보이지 않는 분을 보는 것 · *194*

27. 성부로부터 사랑받고 선택되어 파견된 사람들 · *202*

28. 교회 친교와 생생한 신앙 · *209*

교황 약력 · *216*
미주 · *218*

1

무장하지 않은 평화, 무장 해제시키는 평화

로마와 세계를 향한 첫 교황 강복
2025년 5월 8일 목요일

평화가 여러분 모두와 함께!

사랑하는 형제자매 여러분, 이 인사말은 부활하신 그리스도, 하느님의 양 떼를 위해 생명을 바치신 착한 목자의 [부활하신 후] 첫 번째 인사입니다.

저도 이 평화의 인사가 여러분의 마음에 깃들고 여러분의 가정, 도처에 있는 모든 이, 모든 민족과 온 땅에 이르기를 바랍니다. 평화가 여러분과 함께!

이는 부활하신 그리스도의 평화입니다. 무장하지 않은 평화,

무장 해제시키는 평화, 겸손하고 항구한 평화입니다. 이 평화는 우리를 무조건적으로 사랑하시는 하느님께로부터 나옵니다.

당시 힘겨워하시면서도 용기를 주시고 로마를 강복하시던 프란치스코 교황님의 목소리가 우리 귀에 선합니다. 그 부활절 아침에 로마를 강복하시던 교황님은 세계, 온 세계에 축복을 주셨던 것입니다.

여러분, 저도 그 강복을 이어 가게 해 주십시오. 하느님께서는 우리를 사랑하십니다. 하느님께서는 여러분 모두를 사랑하시며 악은 승리하지 못할 것입니다!

우리 모두 하느님의 손안에 있습니다. 따라서 두려움 없이, 하느님과 서로 손잡고 나아갑시다. 우리는 그리스도의 제자입니다. 그리스도는 우리를 앞서가십니다. 세상에는 그분의 빛이 필요합니다. 인류에게는 하느님과 그 사랑에 도달하도록 이어 주는 다리와 같은 그리스도가 필요합니다.

여러분도 우리를 도와주십시오. 서로서로 도와서 대화와 만남을 통한 다리를 놓는 데 우리를 도와주십시오. 평화 속에서 항상 하나의 백성이 되도록, 우리가 모두 일치하도록 우리를 도와주십시오. 감사합니다. 프란치스코 교황님!

또한 저를 베드로의 후계자로 선출해 주신 모든 동료 추기경님들께 감사드립니다. 아무 두려움 없이 복음을 선포하기 위해,

선교사들이 되기 위해 남녀 신자들을 예수 그리스도께 데려가려고 노력하고, 항상 정의와 평화를 추구하며 여러분과 하나 된 교회처럼 함께 걸어가기를 원합니다.

저는 "저는 여러분과 함께 그리스도인이며, 여러분을 위해서는 주교입니다."라고 말한 아우구스티노 성인의 아들이며 아우구스티노회 회원입니다. 이런 의미에서 우리는 하느님께서 준비해 주신 고향으로 모두 함께 걸어갈 수 있습니다.

로마 교회에 특별한 인사를 전합니다! 우리는 선교적인 교회, 다리를 놓고 대화하는 교회, 그리고 항상 두 팔을 벌려 개방된 이 광장처럼 사람들을 환대하는 교회가 되기 위한 길을 찾아야 합니다. 모든 이가 우리의 애덕, 우리의 참여와 대화와 사랑을 필요로 합니다.

(스페인어) 그리고 허락하신다면, 인사의 말씀을 하나 전하고자 합니다. 특히 제가 사랑하는 페루의 치클라요교구, 이 교구의 충실한 백성은 주교를 동반하며 믿음을 나누었습니다. 그래서 저는 예수 그리스도의 충실한 교회로 남아 있기 위해 많은 것을 선사했던 그 교구에 특별한 인사를 전합니다.

로마, 이탈리아, 전 세계의 모든 형제자매 여러분에게 인사를 드립니다. 우리는 시노달리타스의 교회, 걸어가는 교회, 항상 평화와 사랑을 추구하는 교회, 특히 고통받는 이들에게 가까이 있기를 추구하는 교회이고자 합니다.

오늘은 폼페이의 성모님께 드리는 청원의 날입니다. 우리 어머니 마리아는 항상 우리와 함께 걸어가시며, 가까이 계시며, 당신 전구와 사랑으로 우리를 도와주시기를 원하십니다.

그러므로 여러분과 함께 기도하고 싶습니다. 이 새로운 사명을 위해, 온 교회를 위해, 세계 평화를 위해 기도합시다. 그리고 우리 어머니 마리아께 이 특별한 은총을 청합시다. 은총이 가득하신 마리아여……

"평화가 여러분 모두와 함께!"

2025년 5월 8일 로마 시간 오후 6시 7분, 시스티나 경당의 굴뚝에서 교황 선출을 알리는 흰색 연기가 피어올랐다. 가톨릭 교회의 제267대 교황이 선출된 것이다. 도미니크 맘베르티 수석 부제 추기경은 새 교황으로 전 주교부 장관 로버트 프란시스 프레보스트 추기경이 선출되었고 교황명은 레오 14세임을 전 세계에 알렸다.

레오 14세 교황님은 성 베드로 광장에 모여 있던 사람들과 전 세계를 향한 첫 인사 말씀으로 부활하신 예수 그리스도의 인사 "평화가 여러분 모두와 함께!"를 전하셨다. 그날 교황님의 인사 말씀은 평화, 선교하는 교회, 성모 마리아, 사랑이라는 단어들이 핵심을 이룬다.

교황님은 우선 평화의 인사를 건네셨다. 이 평화는 부활하신 주님께서 두려움에 사로잡혀 다락방의 문을 닫아걸고 웅크린 제자들에게 선사하신 바로 그 평화였다. 이는 우선 인간의 개별적 차원에서 이해할 수 있다. 곧 우리 각각의 마음 깊은 곳에서 항상 우리를 흔드는 불안을 물리치는 주님의 평화다. 이 평화는 세상이 주는 어떤 만족에서 오는 평화가 아니라 십자가에서 돌아가심으로써 인간의 가장 큰 불안인 죽음을 이기신, 부활하신 주님의 평화다. 교황님은 우리 모두 하느님 손안에 있으며 두려움 없이 길을 가자고 말씀하신다. 이것은 죽음을 이기고 부활하신 예수 그리스도에 대한 믿음에서 오는 평화인 것이다. "너희에게 평화를 두고 가며 내 평화를 주노라."[2]

이 평화는 전쟁과 갈등으로 불안한 세계에 건네는 평화다. 교황님은 분쟁과 몰이해를 극복하기 위해 서로에게 다리가 되어야 한다는 점을 강조하셨다. 물론 교회가 전 세계에서 벌어지는 모든 전쟁과 분쟁을 해결할 수 있는 조직은 아닐 것이다. 그러나 평화의 주님을 믿는 공동체로서, 무엇보다 기도를 통해 주님의 평화가 전 세계를 다스리도록 해야 하겠다.

둘째 단어는 선교하는 교회다. 교황님이 선교사이자 교구장을 지내신 페루의 치클라요교구를 언급하며 스페인어로 인사를 건네신 것은 단순히 그들에 대한 추억 때문만은 아닐 것이다. 바로 교황님 자신의 정체성, 다시 말해 선교사로서의 정체성과 선교지에서의 삶이 분리될 수 없는 실재이며, 비록 로마에 있는 주교부 장관 추기경으로 봉직했더라도 자신의 선교사적 정체성을 그곳에 간직하고 계시다는 증언적 인사였던 것이다.

이 인사 말씀은, 시카고라는 도시 출신의 미국인이지만 사제 생활의 거의 모든 시간을 페루의 산골 선교지에서 보낸 분이, 이제 보편 교회의 최고 목자로서 활동하시겠지만 그 마음과 시선은 항상 선교지를 향하고 모든 사안을 선교적 차원과 복음 선포의 차원에서 바라보실 것이라는 점을 세상에 밝히는 인사말로 이해할 수 있다. "내가 복음을 선포하지 않는다면 나는 참으로 불행할 것입니다."(1코린 9, 16)

그다음은 성모 마리아에 관한 것이다. 레오 14세 교황님이 선출되신 날, 5월 8일은 폼페이 성모님의 축일이었다. 이날, 추기경단 단장 조반니 바티스타 레 추기경은 폼페이 성지에서 축일 미사를 집전하며 새 교황을 위해 기도하기도 했다. 교황님 역시 인사말에서 폼페이 성모님의 축일을 언급하셨다. 레오 14세 교황님은 섭리적으로 성모님 축일에 교황으로 선출되신 것이다. 물론 그분의 생신 역시 섭리적이기도 하다. 1955년 9월 14일, 성 십자가 현양 축일이다!

마지막으로 사랑이라는 단어다. 하느님은 사랑이시다(1요한 4,8 참조). 예수님께서는 율법과 예언서에서 가장 중요한 계명은 하느님을 사랑하는 것과 이웃을 사랑하는 것이라고 말씀하셨다(마태 22, 37-40 참조). 교황님은 이 진리를 확인하시며 하느님께서 우리 모두를 사랑하시고 악은 승리하지 못할 것이라고 말씀하셨다. 사랑의 우위성을 밝히신 것이다.

"사랑은 참고 기다립니다. 사랑은 친절합니다. 사랑은 시기하지 않고 뽐내지 않으며 교만하지 않습니다. 사랑은 무례하지 않고 자기 이익을 추구하지 않으며 성을 내지 않고 앙심을 품지 않습니다. 사랑은 불의에 기뻐하지 않고 진실을 두고 함께 기뻐합니다. 사랑은 모든 것을 덮어 주고 모든 것을 믿으며 모든 것을 바라고 모든 것을 견디어 냅니다."(1코린 13,4-7)

2

기쁨의 증인들

추기경들과 함께 거행한 '교회를 위한' 미사에서 행한 강론
2025년 5월 9일

영어로 시작해 나머지는 이탈리아어로 하겠습니다. 시편 화답송에 나오는 말씀을 되풀이하고 싶습니다. "주님께 노래하여라, 새로운 노래를. 그분께서 기적들을 일으키셨도다."(시편 98(97), 1)

그분께서는 저뿐만 아니라 정말로 우리 모두에게 기적을 일으키셨습니다. 형제 추기경 여러분, 오늘 아침 이 미사를 봉헌하며, 주님께서 베드로의 직무를 통해 계속해서 우리 모두에게 내려 주시는 은혜와 축복을 깨닫기 바랍니다.

여러분은 제가 십자가를 지고 거룩한 사명을 받도록 하셨습니다. 예수님의 벗이며 신앙인인 우리가 교회 공동체를 이루어 계속 나아가며 복음을 선포하고 기쁜 소식을 전해야 합니다. 이 길에서 저는 여러분 한 분 한 분을 믿고 의지합니다.

여기서부터는 이탈리아어로 말씀드리겠습니다.

"스승님은 살아 계신 하느님의 아드님 그리스도이십니다."(마태 16,16) 스승이신 주님께서 당신께 대한 믿음을 물으셨을 때, 베드로 사도는 다른 제자들과 함께 이렇게 답했습니다. 이 한마디로 교회가 2,000년 동안 사도 전승을 통해 간직하고 깊이 연구하며 전해 온 신앙의 보화를 요약했습니다.

예수님께서는 그리스도이시며, 살아 계신 하느님의 아드님이십니다. 곧 유일한 구원자이시며 아버지의 얼굴을 우리에게 보여 주시는 분이십니다.

하느님께서는 인간들에게 가까이 오시려고 예수님 안에서 당신을 우리에게 계시하셨습니다. 어린아이의 맑은 눈빛으로, 젊은이의 활기찬 마음으로, 어른의 성숙한 모습으로[3], 부활 후에는 마침내 영광스러운 몸으로 제자들에게 나타나셨습니다. 이렇게 우리 모두가 본받을 수 있는 거룩한 인간의 모범을 보여 주셨고, 우리의 한계를 뛰어넘는 영원한 희망을 약속해 주셨습니다.

베드로 사도는 자신의 대답에서 이 두 가지를 모두 알아차렸습니다. 하나는 하느님의 선물이고 다른 하나는 그 선물로 변화되기 위해 걸어가야 할 길입니다. 이것은 구원과 분리될 수 없는 두 측면입니다. 교회는 온 인류의 선익을 위해 구원을 선포해야 합니다. 모태에서 나기 전부터 우리를 택하신(예레 1,5 참조) 하느님께서는 우리를 세례의 물로 새롭게 나게 하셨습니다. 우리의 허물과 부족함에도 불구하고, 우리의 공로 없이 여기로 인도하시고 여기서 파견하셨습니다. 이는 복음을 모든 피조물에게 선포하시려는 것입니다(마르 16,15 참조).

특히 하느님께서는 여러분의 투표를 통해 저를 사도들의 으뜸인 베드로 사도의 후계자로 부르셨습니다. 그래서 이 보화를 저에게 맡기셨습니다. 하느님의 도움으로 온 교회의 지체를 위해 충실한 관리자가 되라고 하신 것입니다(1코린 4,2 참조). 그리하여 교회가 더욱더 산 위에 자리 잡은 거룩한 도성이 되고(묵시 21,10 참조), 역사의 파도를 헤쳐 나가는 구원의 방주가 되며, 세상의 어둠을 밝히는 등대가 되게 하셨습니다. 이는 지금 우리에게 있는 이 웅장한 건물이나 거대한 구조물 때문이 아닙니다. 오히려 교회 구성원들의 거룩함 때문입니다. 곧 "어둠에서 당신들을 당신의 놀라운 빛으로 부르신 그분의 놀라운 업적을 선포하기 위해 하느님께서 자기 것으로 삼으신 백성"(1베드 2,9 참조)의 거룩함 때문입니다.

그런데 베드로 사도가 신앙 고백을 하기 전에, 예수님께서 먼저 다른 질문을 하셨습니다. "사람들이 사람의 아들을 누구라고들 하느냐?"(마태 16,13 참조) 이는 식상한 문제가 아니라 우리 직무의 중요한 측면을 다루고 있습니다. 우리가 살고 있는 현실의 한계와 가능성, 그것에 대한 질문과 신념에 관한 질문입니다.

"사람의 아들을 누구라고들 하느냐?"(마태 16,13) 우리가 묵상하고 있는 이 장면을 생각해 보면, 이 질문에 두 가지 답이 가능합니다. 이 답들은 서로 다른 두 태도를 보여 줍니다.

먼저 세상의 답이 있습니다. 마태오는 예수님과 제자들이 그분의 정체성에 대해 대화를 나눈 곳이 아름다운 도시 카이사리아 필리피였다고 말합니다. 이곳은 호화로운 궁전들로 가득하고, 헤르몬 산자락의 아름다운 자연에 둘러싸여 있지만, 동시에 잔인한 권력 집단의 근거지이며 배신과 불충의 무대이기도 했습니다. 이 모습은 예수님을 전혀 중요하지 않은 사람으로, 기껏해야 특이한 말과 행동으로 사람들의 호기심을 끄는 정도의 인물로 여기는 세상을 보여 줍니다. 그래서 그분의 존재가 정의와 도덕성을 요구해서 거슬릴 때가 되면 이 "세상"은 주저하지 않고 그분을 거부하고 제거합니다.

그리고 예수님의 질문에 대한 답변이 될 만한 것이 있습니다. 바로 평범한 사람들의 답입니다. 그들에게 있어서 나자렛 사람은 "허풍쟁이"가 아닙니다. 그는 정직한 사람이고, 용감한 사람이며, 말을 잘하고 이스라엘 역사상 위대한 예언자들과 마찬가지로 의로운 것을 말하는 사람이었습니다. 그래서 그들은 그분을 따랐습니다. 할 수 있는 한은 적어도 별다른 위험이나 불편함 없이 그렇게 했습니다. 하지만 그분을 단지 한 인간으로만 여겼기 때문에, 위험한 순간인 수난 때에는 그들도 그분에 대한 기대를 접은 채 그분에게서 떠납니다.

그들의 그러한 실제 태도는 매우 충격적입니다. 이들은 우리 시대의 많은 남녀의 입을 통해 쉽게 들을 수 있는 생각들을 그대로 보여 줍니다. 표현은 다를 수 있지만 본질은 똑같습니다.

오늘날에도 그리스도교 신앙을 어리석은 것으로, 약하고 교양이 부족한 사람들을 위한 것으로 여기는 사람들이 많습니다. 그런 곳에서는 기술이나 돈, 성공, 권력, 쾌락 같은 다른 안전장치들이 신앙보다 앞자리를 차지합니다.

이런 곳에서는 복음을 증언하고 선포하기가 쉽지 않습니다. 믿는 사람은 조롱당하고, 적대받고, 멸시당합니다. 혹은 기껏해야 다른 사람들의 인내에 의존하거나 동정을 받기 마련입니다. 그럼에도 불구하고 그런 이유 때문에 이런 곳에서 선교가 더욱 시급합니다. 신앙의 부재는 자주 비극을 낳기 때문입니다. 삶의 의미를 잃고, 자비를 잊으며, 인간 존엄성이 가장 극심하게 침해받고, 가족이 해체되고, 우리 사회가 적지 않게 겪고 있는 다른 많은 상처들을 낳습니다.

오늘날에도 예수님께서 한 인간으로서는 높이 평가받지만 단순히 카리스마를 지닌 '지도자'나 '슈퍼맨' 정도로 축소되는 경우가 적지 않습니다. 이는 비신자들 사이에서만이 아니라 대다수 세례받은 이들 사이에서도 그렇습니다. 결국 그들은 이런 차원에서 사실상 무신론자로 살아갑니다.

이것이 우리에게 맡겨진 세상입니다. 프란치스코 교황님이 여러 번 가르치신 대로, 우리는 이 세상에서 구세주 그리스도에 대한 기쁜 신앙을 증언하도록 부름받았습니다. 그러므로 우리에게도 이 신앙 고백을 되새기는 것이 꼭 필요합니다. "당신은 살아 계신 하느님의 아드님 그리스도이십니다."(마태 16,16 참조)

무엇보다도 주님과의 인격적인 관계에서, 매일 회심의 여정을 걸어가는 가운데 이를 실천해야 합니다. 그리고 교회인 우리는 함께 주님께 속한 우리 모습을 간직하며 모든 이에게 기쁜 소식을 전해야 합니다.[4]

이 말은 무엇보다도 저 자신에게 해당합니다. 베드로 사도의 후계자로서, 로마 교회의 주교인 저의 이 사명을 시작하면서, 안티오키아의 이냐시오 성인의 유명한 표현처럼 사랑으로 온 교회를 이끌도록 부름받은 교회의 주교로서 말입니다.[5] 이 도시로 쇠사슬에 묶여 끌려오며 곧 다가올 순교를 향해 가던 그는 그곳 그리스도인들에게 편지를 썼습니다. "세상이 저의 몸을 볼 수 없게 될 때 저는 참으로 예수 그리스도의 제자가 될 것입니다."[6] 성인은 경기장에서 맹수에게 잡아 먹히는 것을 두고 그렇게 말했습니다. 실제로 그렇게 되었습니다. 하지만 더 넓은 의미에서 성인의 말은 교회에서 권위의 직무를 수행하는 누구에게나 포기할 수 없는 사명을 상기시킵니다. 그리스도만 남으시도록 자신은 사라지고, 그분께서 알려지고 영광을 받으시도록 자신은 작아지라는 것(요한 3,30 참조), 그분을 알고 사랑할 기회를 누구도 놓치지 않도록 자신을 완전히 바치라는 것입니다.

교회의 어머니이신 성모님의 자애로운 전구의 도움으로, 하느님께서 오늘 그리고 언제나 저에게 은총을 주시기를 빕니다.

"예수님께서는 그리스도이시며, 살아 계신 하느님의 아드님이십니다."(마태 16,16 참조)

교황님은 추기경단과 함께 거행하신 미사 강론에서 카이사리아 필리피에서 있었던 베드로 사도의 신앙 고백을 중심으로 신앙, 선포, 성덕이라는 큰 틀 안에서 자신의 생각을 전개하셨다. 교황님은 자신의 가장 중요한 사명이 바로 신앙의 기초 위에 복음을 선포하는 것이며 이것은 성덕, 곧 거룩함이라는 기초 위에서 가능하다고 말씀하셨다.

무엇보다도 주님과의 인격적인 관계에서, 매일 회심의 여정을 걸어가는 가운데 이를 실천해야 한다고 강조하셨다. 이러한 회심의 여정을 걷는 교회는 어려운 현 상황에서도 항상 복음의 기쁨을 선포해야 할 의무가 있다. 그러나 교황님은 이 복음 선포가 그리스도만 남아 계시고 자신은 사라질 때 가능한 것임을 안티오키아의 이냐시오 순교 성인의 모범을 설명하며 강조하셨다. 이러한 복음 선포의 기초는 교회의 성덕, 회심의 태도와 자신은 죽고 그리스도만이 살아 계시도록 하는 하느님과 인간에 대한 사랑이라는 점을 상기시키셨다.

3

기도와 책임

추기경단에게 행한 연설
2025년 5월 10일 토요일

대단히 감사합니다, 추기경님. 자리에 앉기 전에 먼저 기도로 시작합시다. 주님께서 이 추기경단과, 특히 전체 교회를 깊은 신앙의 정신과 열정으로 동반해 주시기를 청합시다. 모두 함께 라틴어로 기도합시다. (주님의 기도, 성모송.)

 이번 만남의 앞 부분에는 여러분과 나누고 싶은 생각들을 담은 연설을 하겠습니다. 하지만 그다음부터는 많은 분이 요청하신 것처럼, 콘클라베 전에 어느 정도 토의했던 권고들, 의견들, 제안들, 아주 구체적인 것들을 듣기 위해 추기경단과 공유하는 시간이 될 것입니다.

형제 추기경 여러분! 여러분 모두에게 이 만남과 최근 며칠에 대해 감사 인사를 드립니다. 이 며칠은 비록 프란치스코 교황님의 선종으로 인한 슬픔과, 또 함께 헤쳐 나가야만 했던 일들로 힘들었지만, 예수님께서 우리에게 하신 약속대로 성령 안에서 은총과 위로로 가득한 날들이기도 했습니다(요한 14,25-27 참조).

사랑하는 추기경 여러분, 여러분은 교황의 가장 가까운 협력자들입니다. 이는[여러분이 저의 가장 가까운 협력자라는 점은] 제 능력으로는 분명히 감당하기 어려운 이 무거운 짐을 받아들이는 데 큰 힘이 됩니다. 저에게 이 사명을 맡기신 책임을 짊어지고 가는 데 있어 여러분의 현존은 주님께서 저를 홀로 두지 않으신다는 것을 상기시켜 줍니다. 저는 무엇보다도 주님의 도움에 항상 의지할 수 있음을 알고 있으며, 주님의 은총과 섭리로써 여러분이 가까이 있음을, 하느님을 믿고 교회를 사랑하며 기도와 선행으로 그리스도의 대리자를 돕는 전 세계의 많은 형제자매들이 가까이 있음을 생각할 수 있습니다.

추기경단의 단장인 조반니 바티스타 레 추기경님께 감사드립니다. 많이는 아니더라도 적어도 한 번은 박수가 필요할 것 같은데, 단장 추기경님의 지혜는, 오랜 연륜의 결실이자 사도좌에 충실하게 봉사해 오신 장구한 세월의 결실로서 이 시기에 우리를 많이 도와주셨습니다.

여기 계시리라 생각하는데, 사도좌 공석과 콘클라베 소집이라는 시기에 책임감 있고 값진 역할을 해 주신 거룩한 로마 교회의 국무처장 케빈 조셉 파렐 추기경님께도 감사드립니다.

또한 저는 건강상의 이유로 참석하지 못한 형제 추기경님들께도 [걱정의] 마음을 전하며, 여러분과 함께 기도와 사랑의 친교 속에서 그분들과 강하게 결속합니다.

한편으로는 슬프지만 동시에 섭리적으로 파스카의 빛으로 휘감싸인 기쁨의 이 순간에, 저는 프란치스코 교황님의 선종과 콘클라베라는 일을, 생명의 충만함으로 우리를 계속 인도하고 계신 주님께서 이루시는 기나긴 탈출의 한 여정, 곧 파스카적 사건으로 바라보고 싶습니다. 이 관점에서 우리는 "인자하신 아버지시며 모든 위로의 하느님"(2코린 1,3)께 선종한 교황님의 영혼과 교회의 미래를 맡깁니다.

베드로 사도로부터 시작하여 그의 부족한 후계자인 저에게 이르기까지, 교황은 하느님과 형제자매들의 미천한 종이었을 뿐입니다. 이것은 수많은 전임 교황님들의 모범 속에서 분명히 드러났으며, 마지막으로 프란치스코 교황님이 이를 잘 보여 주셨습니다. 그분의 삶은 봉사에 대한 완전한 헌신, 소박한 생활, 사목 전반에 걸친 하느님께 대한 의탁, 그리고 아버지의 집으로 돌아가시던 순간의 평온한 신뢰의 방식으로 이러한 모습을 잘 보여 주셨습니다. 우리 모두 이 값진 유산을 이어받고, 신앙에서 나오는 희망에 고무되어 길을 다시 걸어갑시다.

부활하신 분께서 우리 가운데 계십니다. 그분께서는 교회를 보호하시며 인도하십니다. 그리고 그분께서는 교회가 "우리가 받은 성령을 통하여", "우리 마음에 부어진"(로마 5,5 참조) 사랑과 희망 속에서 계속 활기를 찾도록 하십니다. 우리는 하느님께서 천둥과 지진의 소음보다 "조용하고 부드러운 소리"(1열왕 19,12)로, 일부 번역에서는 "침묵의 잔잔한 목소리"로 자신을 드러내기를 원하신다는 것을 기억하면서 그분 목소리를 민감하게 경청하는 자가 되고, 그분의 구원 계획에서 충실한 직무자가 되어야 할 책무가 있습니다. 이것은 놓쳐서는 안 될 중요한 만남이며, 우리에게 맡겨진 거룩한 하느님의 백성을 교육하고 동반해 가야 할 만남인 것입니다.

지난 몇 날 동안, 우리는 이 거대한 공동체의 아름다움을 보고 그 힘을 느낄 수 있었습니다. 이 공동체는 깊은 사랑과 경건함으로 그들의 목자에게 인사하고 슬퍼하면서 주님과의 최종적인 만남의 순간에 믿음과 기도로 그를 동반했습니다. 우리는 교회의 진정한 위대함이 무엇인지 보았습니다. 교회는 우리 영혼의 "목자이시며 보호자"(1베드 2,25)이신 유일한 머리, 그리스도와 일치된 그분의 다양한 지체들 안에 살아 있습니다.

교회는 구원의 성사들로써 돌보고 가꾸고 양육하며 하느님 말씀의 씨앗으로 결실을 내도록 우리에게 맡겨진 양 떼(요한 21,15-17 참조)이고, 밭(마르 4,1-20 참조)입니다. 사실 교회는 거기에서 출생한 모태입니다. 그렇기 때문에 교회는 구름 아래에서 하느님 불꽃의 빛을 따라 사막에서 이스라엘이 이미 걸어갔던 것처럼(탈출 13,21 참조) 굳건하게 화합하고, 선교에 있어 열정적인 여정을 걸어가야 합니다.

이러한 점에 있어서 보편 교회가 제2차 바티칸 공의회의 발자취를 따라 최근 10여 년 동안 걸어온 길에 대한 우리의 온전한 동의를 오늘 함께 갱신하고자 합니다. 프란치스코 교황님은 교황 권고 〈복음의 기쁨〉에서 이것을 상기시키고 교도권적으로 그 내용들을 실행하셨습니다.

저는 그중 몇 가지 근본적인 사항들을 강조하고자 합니다.

선포에 있어서 그리스도 우위성에로 복귀(11항 참조)

전체 그리스도교 공동체의 선교적 전향(9항 참조)

[주교단] 단체성과 시노달리타스 안에서의 성장(33항 참조)

신앙 감각sensus fidei에 대한 주의(119-120항 참조), 특히 대중 신

심처럼 가장 고유한 형태와 그 안에 포함되어 있는 신앙 감각에 대한 주의(123항 참조)

보잘것없는 자와 버림받은 자에 대한 사랑의 돌봄(53항 참조)

다양한 요소들과 실재들 속에 있는 현대 세계와 용감하고 신뢰 있는 대화(84항 참조; 제2차 바티칸 공의회의 현대 세계의 교회에 관한 사목 헌장 〈기쁨과 희망〉 1-2항 참조)

이것은 항상 하느님 가족의 삶과 활동을 움직이고 영감을 주며 활력을 준 복음의 원칙들입니다. 그리고 이것은 진실한 마음으로 진리와 정의와 평화, 형제애를 추구하는 사람 모두의 마지막 희망이시고, 인간이 되신 성자 안에서 계시되었고 계속해서 계시되고 있는 성부의 자비로운 얼굴을 드러내 주는 가치의 원칙들입니다.[7]

바로 이런 발자취를 따르도록 부름받았다고 느낀 저는 레오 14세라는 이름을 선택하기로 생각했습니다. 여러 가지 다른 이유들이 있습니다만, 핵심은 이 사실에 있습니다. 사실 레오 13세 교황님은 역사적인 회칙 〈새로운 사태〉를 통해 거대한 첫 산업 혁명 상황에서 사회적 문제를 다루셨습니다. 오늘날에도 교회는 또 다른 산업 혁명과 인공 지능의 발전에 응답하기 위해, 모두에게 그분의 사회 교리의 유산을 제공하고 있습니다. 인공 지능의 발전은 인간 존엄성과 정의와 노동을 보호하는 데 있어서 새로운 도전들을 수반하고 있습니다.

사랑하는 형제 여러분, 저는 1963년 바오로 6세 성인 교황님이 당신의 베드로 직무 시초에 제시하셨던 염원을 제 것으로 삼으며, 그리고 여러분에게 이것을 제시하며 우리 만남의 앞부분을 마치고자 합니다.

"[이 염원은] 선의를 가진 모든 사람들을 불붙이는 믿음과 사랑의 큰 불꽃처럼 전 세계를 휩쓸고, 상호 협력의 길을 밝히며, 다시 한번, 그리고 항상, 풍부한 신적 은총과 하느님의 힘이 인류에게 끌어당겨지기를 긴절히 바라는 것입니다. 그분의 도움 없이는 유효한 것이 아무것도 없고 거룩한 것 또한 아무것도 없습니다."[8]

주님의 도우심으로 기도와 책임 이행 속에서 이것들이 우리의 마음이 되길 바랍니다. 감사합니다!

"교회는 구름 아래에서 하느님 불꽃의 빛을 따라 사막에서 이스라엘이 이미 걸어갔던 것처럼(탈출 13,21 참조) 굳건하게 화합하고, 선교에 있어 열정적인 여정을 걸어가야 합니다."

이 연설에서 교황님은 '레오'라는 교황명을 선택하신 이유를 밝히셨다. 격동하는 세계의 현실이 마치 레오 13세 교황님 시대에 교회가 직면했던 것과 유사한, 또 다른 산업 혁명과 인공 지능의 발전에 응답해야 하는 현실 앞에 서 있는 점 때문이라는 것이었다.

교황님은 교황 권고 〈복음의 기쁨〉의 몇 가지 사항을 언급하시며 당신의 교황직의 방향을 요약해서 말씀하셨다. 교황님의 이러한 방향은 콘클라베 전 진행된 추기경단 전체 회의에서 중요하게 토의했던 주제들에 대한 대답처럼 보인다. 인상적인 부분은 그리스도 중심적인 복음 선포를 강조하셨다는 점이다. 그리고 교회 안 다양한 주체들의 상호 관계를 형성하는 데 중요한 방식인 시노달리타스와 단체성의 원리를 조금 더 명확하게 복원시키겠다는 방향성을 제시하셨다. 대중 신심을 강조하시며 신앙 감각을 되새기신 부분은 일부 교리적이고 윤리적인 차원에서 평범한 신자들의 신앙 감각과 동떨어진 주제들을 구분하려는 의도를 보여 주신 것이다.

즉위 후 최초로 진행된 인터뷰에서 교황님은 보편 교회 차원에서 봤을 때 어떤 주제들이 특정 지역에서만 뜨거운 주제이기에 대다수의 구성원들에게 설득력이 없기도 하다는 점을 짚어 주셨는데, 이는 신앙 감각적 관점에서 현안에 접근할 필요를 드러내신 것 같다.

또한 교황님은 현대 세계와 신뢰 있는 대화를 해야 한다고 강조하셨다. 교황님의 방향은 현재 벌어지는 다양한 전쟁과 분쟁을 향해 평화를 호소하며 분쟁 당사자들의 화해와 조정을 위해 노력하시는 활동에서 잘 드러나고 있다. 교황님은 직무를 공식적으로 시작하여 젤렌스키 대통령, 푸틴 대통령, 네타냐후 총리 등과 직접 전화 통화하며 국제적 차원에서 활동을 이어 가고 계신다.

4

경청에서 봉사로

성 베드로 대성전 지하 묘소에서의 미사 강론
2025년 5월 11일 일요일

먼저 영어로 한마디 시작하고 그다음 이탈리아어로 한말씀 드리겠습니다. 착한 목자 주일인 오늘 우리가 지금 막 들은 복음은 이렇습니다. "내 양들은 내 목소리를 알아듣는다. 나는 그들을 알고 그들은 나를 따른다."(요한 10,27)

저는 부활 시기의 뜻깊고 특별한 이 주일에 착한 목자를 생각합니다. 교회가 저에게 맡긴 이 새로운 사명의 시작을 거행하면서, 우리가 생명을 바치고 의지하는 예수 그리스도보다 더 좋은 본보기는 없다고 봅니다. 우리가 따르는 예수 그리스도께서는 착한 목자이시며, 우리에게 생명을 주시는 분이십니다. 그분께서는 길이시며 진리이시고 생명이십니다. 그래서 우리는 이날을 기쁨으로 거행하며 여러분의 참석을 깊이 감사드립니다.

오늘은 어머니날입니다. 제 생각으로는 여기에 한 명의 어머니만 계십니다. 어머니날을 축하드립니다! 하느님의 사랑의 가장 아름다운 표현 중 하나는 어머니들의 사랑, 특히 자녀와 손자 손녀들에게 쏟아지는 사랑입니다.

이 주일은 여러 가지 이유로 특별합니다. 그중 첫 번째로 언급하고 싶은 것은 성소에 관한 것입니다. 최근 우리는 추기경단 회의 기간에, 그리고 새 교황 선출 전후로 교회 내 성소에 대해 많은 대화를 나눴습니다. 그리고 모두가 함께 이를 찾는 것이 얼마나 중요한지 다뤘습니다. 우선 우리 삶에서 좋은 본을 보여 주는 것, 복음의 기쁨을 살아가는 것, 다른 사람을 낙심시키지 않는 것, 젊은이들이 주님의 목소리를 듣고 따르며 교회에서 봉사하도록 격려하는 방법을 찾는 것이 중요합니다. 주님께서는 "나는 착한 목자입니다."라고 우리에게 말씀하십니다.

이제 이탈리아어로 한마디 더 드리겠습니다. 왜냐하면 우리가 수행하는 이 사명은 더 이상 특정한 교구에만 국한되지 않고 전체 교회에 해당되기 때문입니다. 이 보편적 정신이 중요합니다. 이는 오늘 우리가 들은 제1독서(사도 13,14.43-52)에서도 찾아볼 수 있습니다. 바오로와 바르나바는 안티오키아로 가서 먼저 유대인들에게 갔지만, 그들[유대인들]은 주님의 목소리를 듣지 않았습니다. 그래서 그들은 복음을 모든 세계에, 이방인들에게 전파하기 시작했습니다.

우리가 아는 대로 그들은 이 위대한 사명을 수행하러 갔습니다. 바오로 성인은 로마로 갔고 최종적으로 그 사명을 완수했습니다. 그런데 여기에는 우리 모두에 대한 아주 특별한 초대도 있습니다. 전 세계에 복음을 전하는 것인데, 저는 이것을 개별적인 방법으로 말해 왔었습니다.

용기를 내라! 두려워하지 마라! 복음에서 예수님께서는 자주 말씀하십니다. "두려워하지 마라."(마태 14,27; 마르 6,50; 루카 5,10; 요한 6,20) 우리가 건네는 증거 안에서 말, 특별히 생활로써 삶을 바치고, 섬기며, 때로는 큰 희생으로 이 사명을 살아가면서 용감할 필요가 있습니다.

생각을 아주 많이 하게 하는 작은 성찰을 해 보았습니다. 이는 복음에서도 나타나는 내용입니다. 누군가 질문했습니다. "당신의 삶을 생각할 때, 당신이 어디에 도달해 있는지 어떻게 설명하겠는가?" 이 성찰에서 찾은 그들의 대답은 저의 답이기도 합니다. 그것은 바로 '듣다'라는 동사입니다. 듣는 것이 얼마나 중요한지요!

"내 양들은 내 목소리를 듣는다."(요한 10,27 참조) 예수님께서는 말씀하셨습니다. 저는 우리 모두가 대화를 하기 위해서는 더 많이 듣는 것을 배우는 것이 중요하다고 생각합니다. 먼저 주님과 함께 대화하는 것이 필요합니다. 다시 말해 항상 하느님의 말씀을 듣고, 다른 사람의 말을 듣고, 다리를 놓는 법을 배우며, 쉽게 판단하지 않는 법을 배우는 것이 중요합니다. 자신이 모든 진리를 알고 있고 다른 누구도 자신에게 말할 수 없다고 생각하면서 문을 닫지 않는 것입니다. 주님의 목소리를 듣는 것, 서로를 듣는 것, 이 대화 속에서 주님께서 우리를 어디로 부르시는지 보는 것이 매우 중요합니다.

교회 안에서 함께 걸어가며, 그분의 말씀을 듣고 그분의 모든 백성을 섬기기 위해 주님께 이 은총을 청합시다.

"우리가 따르는 예수 그리스도께서는 착한 목자이시며, 우리에게 생명을 주시는 분이십니다."

교황님은 베드로 사도 묘 앞에서 미사를 봉헌하시면서 성소의 중요성과 복음 선포의 보편성을 강조하셨다. 이날은 성소 주일이었다. 성소라는 주제는 교황님이 표현하신 대로 콘클라베 전 추기경단 회의에서 심각하게 다룬 내용이었다.

교황님은 경청의 자세를 특히 강조하셨다. 참된 대화를 위해서는 상대방의 말을 들을 줄 알아야 하고, 듣는 법을 배워야 한다. 이를 위해 주님과 대화하는 것이 중요하며, 바로 이때 사람들 사이에 다리를 놓을 수 있고, 판단 없이 대화할 줄 알게 된다는 것이다. 교황님은 오늘날처럼 자기 말만 하고 다른 사람의 의견은 경청하지 않는 것, 겉으로는 듣는 것처럼 행동하면서 속으로는 자신의 생각을 고집하며 타인을 복종시키려는 태도와는 완전히 다른 태도를 강조하셨다.

5

말을 순화하는 것

> 언론 종사자들에게 행한 연설
> 2025년 5월 12일 월요일

안녕하세요. 이렇게 따스한 환영을 받으니 마음이 따뜻해집니다. 사람들이 말하기를 첫 박수는 그저 예의일 뿐이라고 하지 않습니까? 하지만 제 이야기를 끝까지 들으시고도 여전히 박수를 보내 주신다면, 그보다 큰 은총이 어디 있겠습니까!

형제자매 여러분! 전 세계 언론인 대표 여러분을 환영합니다. 교회가 본질적으로 은총의 시간을 보내는 이 시기에, 여러분이 해 오신 일과 지금도 하고 계신 모든 일에 감사드립니다.

예수님께서는 산상 설교에서 "행복하여라, 평화를 이루는 사람들!"(마태 5,9)이라고 선포하셨습니다. 참행복Beatitudine은 우리 모두에게 도전이며, 여러분과 긴밀히 관련되어 있습니다. 무슨 수를 써서라도 동조를 얻어 내려 하거나, 공격적인 언어로 치장하고 경쟁 모델을 따르는 대신, 겸허하게 추구해야 할 사랑에서 진리 탐구를 분리하지 않는 커뮤니케이션 방식에 우리 각자가 헌신하도록 촉구합니다. 평화는 우리 각자에게서 시작됩니다. 다른 이들을 바라보며 그들에게 귀 기울이고 그들에 대해 말하는 방식에서 움터 나오는 것입니다. 이런 의미에서 근본적으로 우리가 소통하는 방식이 중요합니다. 우리는 언어와 이미지의 전쟁에 "아니오."라고 말해야 하고, 전쟁의 패러다임을 거부해야 합니다.

  그래서 저는 진실을 알리려 애쓰다가 투옥된 언론인들과 교회가 함께한다는 점을 다시 한번 강조하고 싶습니다. 또한 투옥된 언론인들의 석방을 촉구합니다. 교회는 목숨을 바쳐서라도 전쟁의 참상을 알리려는 이들의 모습에서 존엄성과 정의, 사람들이 정보를 얻을 권리를 수호하는 이들의 용기를 깨닫습니다. 정보를 얻은 사람들만이 자유로운 선택을 할 수 있기 때문입니다. 감옥에 갇힌 언론인들이 겪는 고통은 각국과 국제 사회의 양심을 일깨우며 표현과 출판의 자유라는 소중한 재산을 지키도록 우리 모두에게 호소합니다.

사랑하는 친구 여러분, 진리를 위한 여러분의 봉사에 감사드립니다. 여러분은 지난 몇 주 동안 로마에 머물며 교회의 다양성과 더불어 교회의 일치를 전하고 계십니다. 여러분은 성주간 전례에 참례하셨고, 그러다 부활절의 빛 속에서 일어난 프란치스코 교황님의 선종 소식을 애통하게 전했습니다. 바로 그 부활 신앙이 우리를 콘클라베 정신으로 이끌었습니다. 여러분은 힘든 나날 속에서도 헌신하셨습니다. 그리고 이번에도 여러분은 그리스도의 아름다운 사랑을 전하는 데 성공하셨습니다. 그 사랑은 착한 목자이신 예수님의 인도 아래 우리를 하나로 모으고 일치시킵니다.

우리는 가야 할 길도 멀고 이야기할 것도 많은 힘든 시기를 살고 있습니다. 이 시기는 우리 모두에게 도전 과제이기에 피하지 말고 맞서야 합니다. 오히려 우리가 다양한 역할과 봉사에 임하는 가운데 결코 안일함에 굴복하지 않도록 요구합니다. 교회는 시대의 도전을 받아들여야 하고 마찬가지로 시대와 역사를 벗어난 소통과 저널리즘이 있을 수는 없습니다. "우리가 잘 살면 좋은 시대가 올 것이다."[9]라는 아우구스티노 성인의 말씀이 상기시켜 주는 바와 같습니다. 우리가 바로 시대입니다.

그러므로 우리가 종종 그리스도인과 교회의 삶을 읽어 내는 데 사용하는 고정 관념과 상투적인 표현에서 벗어나도록 노력해 준 것에 대해 여러분에게 감사드립니다. 있는 그대로의 우리 본질을 파악하고, 모든 수단을 통해 이를 전 세계에 전달해 주셔서 감사합니다.

오늘날 가장 중요한 도전 중 하나는 종종 이념적이거나 편향된 언어, 사랑 없는 언어의 혼란으로 인해 우리가 많은 경우 처하게 되는 '바벨탑'에서 벗어나도록 해 주는 소통을 증진하는 것입니다. 그러므로 여러분이 사용하는 언어와 채택한 방식으로 임하는 여러분의 봉사는 매우 중요합니다. 사실 커뮤니케이션은 단순히 정보 전달이 아니라 대화와 만남의 공간이 되는 인간 환경 및 디지털 환경, 문화를 창조하는 것입니다. 그리고 기술 발전을 살펴보면 이러한 사명이 더더욱 필요합니다. 저는 특히 무한한 잠재력을 지닌 인공 지능을 생각합니다. 하지만 인공 지능은 모든 이의 유익을 위해 홍보 수단들을 이끌어 나가 인류를 위한 혜택을 가져다주는 책임감과 식별력을 요구합니다. 그리고 이러한 책임감은 연령과 사회적 역할에 따라 모든 사람에게 요구됩니다.

사랑하는 언론인 여러분, 우리는 시간이 흐를수록 서로를 더 잘 알게 된다는 사실을 깨닫게 됩니다. 우리는 이 며칠 동안 정말 특별한 시간을 보냈다고 말할 수 있습니다. 우리는 이날들을 모든 사회 홍보 수단, 곧 텔레비전, 라디오, 인터넷, 소셜 미디어를 통해 지켜보고 함께 나눴습니다. 저는 이 사회 홍보 수단들이 우리 인간성 신비의 일부를 드러내 주었고 우리에게 사랑과 평화에 대한 열망을 남겼다고 말할 수 있기를 바랍니다.

이런 까닭에 저는 6월 1일에 맞이하는 제59차 홍보 주일 담화에 남긴 프란치스코 교황님의 마지막 말씀을 다시 한번 반복하며 이렇게 초대하고 싶습니다. 커뮤니케이션을 모든 "공포와 절망, 편견과 원망, 열광과 심지어 증오"에서 "무장 해제"하고 "공격성을 정화할 필요"가 있습니다. 요란하고 강압적인 소통이 아니라 경청을 하고, 목소리를 내지 못하는 약자의 목소리를 모을 줄 아는 소통이 필요합니다. 말을 무징 헤제하여 지구를 무장 해제하는 데 기여합시다. 무장 해제되고 무장 해제시키는 소통이야말로 세상을 보는 다양한 시선을 함께 나누고 인간 존엄성에 부합하는 방식으로 행동하게 해 줍니다.

여러분은 분쟁과 평화 추구, 불의와 빈곤 상황을 최전선에서 보도하고 더 나은 세상을 위해 묵묵히 일하고 계십니다. 이런 까닭에 저는 여러분이 깊은 인식과 용기를 갖고 평화의 소통이라는 길을 선택해 주시기를 부탁드립니다.

여러분 모두에게 감사드립니다. 하느님께서 여러분을 축복해 주시기를 빕니다.

"무장 해제되고 무장 해제시키는 소통이야말로 세상을 보는 다양한 시선을 함께 나누고 인간 존엄성에 부합하는 방식으로 행동하게 해 줍니다."

교황님은 홍보 매체의 중요성을 강조하시며 그 방식이 요란하고 강압적인 소통이 아니라 경청하는 태도, 목소리를 내지 못하는 약자의 목소리를 모을 줄 아는 소통 방식이 필요하다고 말씀하셨다. 특히 평화를 이루기 위해서 "말을 무장 해제하여 지구를 무장 해제하는 데 기여"하자고 제안하셨다. 교황님의 가르침에 따르면 커뮤니케이션은 단순히 정보 전달이 아니라 대화와 만남의 공간이 되는 인간 환경 및 디지털 환경, 문화를 창조하는 것이다.

특히 이념적이거나 편향된 언어, 사랑 없는 언어 사용으로 상처와 혼란을 일으키면서 인간 사회의 소통을 가로막는 경우가 있는데 교회의 커뮤니케이션은 진리를 사랑의 방식으로, 폭력적 언어가 아니라 사랑의 언어로 전달해야 한다는 것이다. 무장 해제되고 무장 해제시키는 소통이야말로 세상을 보는 다양한 시선을 함께 나누고 인간 존엄성에 부합하는 방식으로 행동하게 해 주기 때문이다.

6

평화, 진리, 정의

> 성좌 주재 외교단에게 행한 연설
> 2025년 5월 16일 금요일

공경하올 대사님들과 외교관님들, 그리고 신사 숙녀 여러분, 평화가 여러분과 함께하기를 바랍니다!

저는 특유의 친절함과 헌신, 지칠 줄 모르는 열정으로 업무에 임해 오시며, 여러분 모두의 이름으로 따스한 인사를 해 주신 키프로스 공화국 대사이자 외교단 단장인 조지 풀리데스 대사님에게 감사드립니다. 대사님의 품격은 성좌 주재 대사로서 근무하는 동안 만났던 모든 전임 교황들, 특히 선종한 프란치스코 교황님의 존경을 한 몸에 받았습니다.

또한 저의 당선 이후 보내 주신 많은 축하 메시지와 프란치스코 교황님의 선종에 대한 애도의 메시지에 감사드립니다. 이러한 메시지 중에는 성좌와 외교 관계를 맺지 않은 국가에서 보내온 메시지도 있었습니다. 이는 상호 관계를 돈독하게 하는 존중의 중요한 증거입니다.

우리의 대화에서 가족이라는 의식이 항상 첫 자리를 차지했으면 합니다. 실제로 외교 공동체는 삶의 기쁨과 슬픔, 그리고 가족 공동체에 혼을 불어넣는 인간적·영적 가치를 공유하는, 사실상 민족들의 가족을 대표합니다. 교황청 외교는 바로 교회의 가톨릭성을 표현하는 것입니다. 성좌는 특권이 아니라 인류를 위해 봉사하는 복음적 사명을 강화하는 것을 추구하도록 자신에게 강력히 요구하는 사목적 긴급성에 따라 그 활동을 이어 갑니다. 성좌는 모든 형태의 무관심과 싸우며, 존경하는 전임 교황의 끊임없는 노력에서 볼 수 있듯이 양심에 계속해서 호소하고, 가난한 자, 궁핍한 자, 소외된 자의 외침과 우리 시대를 특징짓는 창조물을 보호하는 것부터 인공 지능에 이르는 현대의 도전들에도 항상 주의를 기울이고 있습니다.

오늘 여러분이 여기에 참석해 주신 것은 여러분의 나라가 사도좌에 대해서 깊은 관심을 지니고 있다는 구체적 표징임을 넘어서서, 저에게는 하나의 선물입니다. 여러분의 현존은 진리와 정의, 평화를 필요로 하고 갈망하는 이 땅의 모든 개인과 민족에게 다가가 감싸안는 교회의 열망과 저의 열망을 새롭게 해 줍니다! 어떤 의미에서 북미와 남미, 유럽에서 성장한 제 삶의 경험은 다양한 사람들과 문화를 만나기 위해 국경을 초월해야 한다는 열망을 대변하기도 합니다.

저는 국무원의 지속적이고 인내로운 활동을 통해 여러분과 여러분의 국가에 대한 이해와 대화가 굳건해지기를 바랍니다. 사실 제 생애에 있어 저는 여러분의 많은 나라를, 특히 아우구스티노 수도회 총장 시절 이미 방문하는 은총을 받았습니다. 저는 하느님의 섭리가 여러분의 나라들을 더 깊이 알 수 있는 기회를 저에게 허락하실 것이라 믿습니다. 전 세계에 흩어진 많은 형제 자매들을 신앙 안에서 굳건하게 하고, 선한 의지를 가진 모든 사람들과 새로운 다리를 놓도록 도와주실 것입니다.

저에게는 우리 대화에서 세 가지 핵심 단어들을 신중히 고려했으면 하는 바람이 있습니다. 이 단어들은 교회 선교 활동의 기둥이자 성좌가 추구하는 외교 업무의 기둥들을 형성합니다.

첫 번째 단어는 평화입니다. 우리는 너무 많은 경우 이 단어를 부정적인 단어, 곧 전쟁이나 갈등이 전혀 없는 것이라고 생각합니다. 왜냐하면 [서로] 상반된다는 것은 인간 본성의 일부이고 이것은 항상 우리와 함께 있으면서 집과 일터, 사회 안에서 너무나 자주 지속적인 '갈등 상태'에서 살도록 우리를 강제하기 때문입니다. 그러니까 평화란 것은 단순한 목표점, 이 분쟁과 저 분쟁 사이 휴식의 순간인 것처럼 보인다는 것입니다. 평화를 위한 노력이 있음에도 불구하고 긴장은 항상 현존하기 때문인데, 이는 [타고 남은] 재 속에 있다가 살아날 수 있는 화롯불처럼 어떤 순간에든 다시 살아날 수 있는 것이기 때문입니다.

다른 종교적 경험에서와 같이 그리스도교적 전망에서 평화는 무엇보다도 일종의 선물, 곧 그리스도의 첫 번째 선물입니다. "내 평화를 너희에게 준다."(요한 14,27) 그러나 평화는 모두 수고해야 하는 적극성을 띤 선물입니다. 그것은 우리 각자가 속한 문화와 종교와는 상관없이 관심을 갖고 노력해야 하는 선물입니다. 평화는 무엇보다 먼저 자신에 대한 수고를 요구합니다. 평화는 마음 안에서부터 교만과 보복의 마음을 뿌리째 뽑아 버리면서 적합한 언어 표현을 고려하는 가운데 마음속에서 형성됩니다. 무기뿐만이 아니라 말로도 사람을 상처 입히고 죽일 수 있기 때문입니다.

이런 관점에서 저는 종교들, 그리고 종교 간 대화가 평화의 분위기를 조성하는 데 근본적인 기여를 할 수 있다고 여깁니다. 이는 모든 국가에서 종교의 자유가 충만하게 존중되어야 함을 요구합니다. 종교적 경험은 인간의 근본적 측면이기에 이것을 간과하고는, 비록 불가능하지는 않겠으나 평화적 관계를 구축하는 데 필요한 마음의 정화를 완성하기 어렵기 때문입니다.

우리 모두 이행하도록 부름받은 이 작업에서부터 온갖 분쟁과 정복하고 싶어 하는 온갖 파괴적인 의지의 전조들이 뿌리 뽑힐 수 있습니다. 이것은 또한 충돌하기보다는 만나고자 하는 열망을 가지고 대화하려는 솔직한 의지를 요구합니다. 이러한 전망 아래 국제 공동체 안에서 발생할 수 있는 분쟁들을 방지하고 회복시키기 위해, 갈망했고 생각했던 국제기구들과의 다자 외교에 새 바람을 불어넣을 필요가 있습니다. 당연히 죽음과 파괴의 도구를 생산하는 것을 중단할 의지가 요구되기도 합니다. 프란치스코 교황님이 지난 〈로마와 세계에Urbi et Orbi〉메시지에서 상기시키셨듯이, "진정한 무장 해제 없이는 어떤 평화도 불가능하며, 모든 민족이 스스로를 방어해야 한다는 요구가 재무장 경쟁으로 변질되어서는 안 되기" 때문입니다.[10]

두 번째 단어는 정의입니다. 평화를 지속한다는 것은 정의 실천을 요구합니다. 이미 제가 살짝 언급했듯이, 저는 〈새로운 사태〉라는 위대한 첫 번째 사회 회칙의 교황이신 레오 13세를 특별히 생각하며 제 이름을 선택했습니다. 우리가 사는 이 격변의 시대에 성좌는 수많은 불균형과 부당한 노동 조건으로 유인하는 불의, 그리고 지속적으로 분열되고 갈등이 심해지는 사회 앞에서 자신의 목소리를 내지 않을 수 없습니다. 그러므로 엄청난 부와 극도의 빈곤이 대륙과 국가, 또한 각 사회 내부 안에서도 깊게 파헤쳐진 고랑, 곧 범세계적 불평등을 회복할 방법을 취하도록 노력해야 합니다.

조화롭고 평화로운 시민 사회를 형성하기 위해 노력하는 것은 정부 지도자들의 임무입니다. 이것은 특히 가정에 투자함으로써 이루어질 수 있습니다. 이 가정은 남자와 여자의 고정된 결합 위에 기초한 가정입니다. "이 가정은 작지만 진정한 사회이며 모든 시민 사회보다 선행하는 사회입니다."[11] 이뿐만 아니라, 그 누구도 태아부터 노인, 병자부터 실업자, 시민권자와 이주민 등 모든 인간의 존엄성이, 특히 가장 연약하고 보호받지 못하는 인간 존엄성이 보호되는 상황을 유리하게 만드는 데 있어 면제될 수 없습니다.

제 역사[인생] 자체가 조국을 떠나 이주한 이주민 출신 시민권자의 역사입니다. 우리 모두는 인생 여정에서 건강할 수도 있고 아플 수도 있으며, 직업이 있을 수도 있고 없을 수도 있으며, 고향에 살 수도 있고 타지에서 살 수도 있습니다. 그러나 인간의 존엄성은 항상 동일한 것이며 존엄성은 하느님께서 원하셨고 하느님께서 사랑하신 피조물의 인간 존엄성인 것입니다.

세 번째 단어는 진리입니다. 국제 사회 안에서 역시 진리 없이는 진정으로 평화로운 관계가 구축될 수 없습니다. 모호하고 양가적인 의미의 단어들이 지배하는 곳과 실재를 변형시켜서 이해하여 아무런 감독 없이 우위성을 점유하는 가상 세계에서는 진정한 관계를 구축하는 것이 매우 어렵습니다. 왜냐하면 소통의 객관적이고 실제적인 전제들이 사라지기 때문입니다.

필요할 때, 처음에는 어떤 오해를 불러일으킬 수 있는 솔직한 말투를 사용하면서 교회는 인간과 세상에 대한 진리를 말해야 하는 책임에서 결코 면제될 수 없습니다. 그러나 진리와 애덕은 절대 분리될 수 없으며, 진리는 근본적으로 모든 남성과 여성의 생명과 선익을 항상 걱정합니다. 또한 그리스도교적 관점에서 진리는 추상적이고 실체로 변화되지 않는 원칙을 긍정하는 것이 아니라 신자 공동체 한가운데 살아 계신 그리스도의 그 인격 자체와의 만남입니다. 이렇게 진리는 우리 사이를 멀어지게 하지 않고 오히려 우리 시대의 도전들, 이민 문제, 인공 지능의 윤리적 사용, 존중되어야 할 우리 지구의 보존과 같은 우리 시대의 도전들을 우리가 보다 나은 힘으로 대처하자는 합의에 이르도록 합니다. 이 도전들은 모든 이의 노력과 협력을 요구하는 도전들입니다. 왜냐하면 그 누구도 홀로 이 도전들을 대처할 수 있다고 생각할 수 없기 때문입니다.

친애하는 대사 여러분, 저의 직무는 특별한 방식으로 희망에 봉헌된, 이 희년의 한가운데에서 시작합니다. 희년은 회개와 갱신의 시기입니다. 특별히 희년은 다툼을 뒤로하는 기회이고 희망으로 고무된 새로운 발걸음을 시작하기 위한 기회입니다. 이 새로운 발걸음은 각자의 책임과 각자의 고유한 생각에 따라 진리와 정의와 평화 안에서 참된 인류를 실현하는 세계를 함께 수고하면서 건설할 수 있다는 희망입니다. 저는 이런 세상이 우크라이나와 이스라엘 성지에서처럼 가장 슬픈 고통을 겪는 곳부터 시작해 모든 곳에서 실현되기를 희망합니다.

여러분의 국가와 성좌 사이에 다리를 놓기 위하여 행하고 계신 여러분의 모든 일에 감사드립니다. 그리고 진심으로 여러분과 여러분의 가정, 여러분의 국민들에게 축복을 내리는 바입니다. 감사합니다. 여러분이 행하시는 모든 일에 감사드립니다.

"교회 선교와 외교의 핵심: 평화, 정의, 진리."

교황님은 바티칸 주재 외교단과의 만남에서 평화, 정의, 진리라는 세 가지 단어를 설명하시며 국제 사회의 외교가 추구해야 할 방향을 제시하셨다.

우선 평화라는 단어를 말씀하시면서 그것이 그리스도의 선물임을 강조하시는 동시에 인간 편에서 나름의 수고를 기울여야 할 적극성을 지닌 선물임을 말씀하셨다. 평화는 무엇보다 자기 마음 안에서부터 교만과 보복의 마음을 뿌리째 뽑아 버리면서 적합한 언어 표현을 고려하는 가운데 마음속에서 형성되는 것이다.

둘째는 정의라는 단어다. 교황님은 현대 세계가 직면한 양극화 문제를 직시하시면서 정의 실천 없이 지속적 평화는 불가능하다고 강조하셨다. 불균형하고 부당한 노동 조건, 한 국가 안에서만이 아니라 범세계적인 차원에서 현존하는 빈부의 양극화를 해결하기 위해 노력해야 한다는 것이다. 특히 교황님은 모든 사회의 기초인 가정, 남자와 여자의 고정된 결합 위에 기초한 가정의 중요성을 다시 발견해야 한다고 강조하셨다. 가장 연약하고 보호받지 못하는 인간의 존엄성, 곧 태아의 존엄성이 보호되도록 노력해야 한다는 것이다.

셋째는 진리다. 진정한 평화는 진리 없이 구축될 수 없고 이 진리는 애덕, 곧 사랑과 분리될 수 없는 것이다. 특별히 모든 인간의 생명과 그 선인에 대해 염려하는 사랑, 그 존엄성을 항상 보호하려는 노력을 기울여야 한다.

7

사랑과 일치

베드로 직무 개시 미사 강론
2025년 5월 18일 일요일

친애하는 형제 추기경 여러분, 주교직과 사제직에 있는 형제 여러분, 존경하는 당국자들과 외교단원 여러분, 형제회 단체들의 희년에 참석한 순례자 여러분! 형제자매 여러분!

저에게 맡겨진 직무를 시작하며 여러분 모두에게 깊은 감사의 마음으로 인사드립니다. 아우구스티노 성인은 [자신의 저서에서] 이렇게 쓰셨습니다. "님 위해 우리를 내시었기 님 안에 쉬기까지는 우리 마음이 찹찹하지 않삽나이다."[12]

최근 몇 날 동안 우리는 특별하게 바쁜 시기를 보냈습니다. 프란치스코 교황님의 죽음은 우리 마음을 슬픔으로 가득 채웠고, 그 어려운 시간 속에서 우리는 복음서가 말하는 "목자 없는 양들"(마태 9,36)과 같은 무리처럼 느꼈습니다. 그러나 부활 바로 그 날, 우리는 그분의 마지막 축복을 받았고, 부활의 빛 속에서 주님께서는 결코 백성을 버리지 않으시며, 흩어진 백성을 다시 모아 주시고 "목자가 자기 양 떼를 지키듯 그들을 지켜 주시리라."(예레 31,10)라는 확신 속에서 이 순간을 대면했습니다.

이러한 신앙의 정신으로 추기경단은 콘클라베를 위해 모였습니다. 다양한 역사와 다양한 길을 거쳐 온 우리는, 베드로의 새로운 후계자이자 로마의 주교, 즉 그리스도교 신앙의 풍부한 유산을 지킬 수 있는 목자를 선출하고자 하는 열망을 하느님의 손에 맡겼습니다. 동시에 우리는 오늘날의 질문, 불안, 도전에 응답하기 위해 멀리 바라볼 수 있는 목자를 선출하려는 열망을 하느님께 맡겼습니다. 여러분의 기도에 힘입어 우리는 성령의 활동을 느꼈습니다. 성령께서는 다양한 악기들을 조화롭게 어우러지게 하시고, 우리 마음의 현들을 유일한 가락으로 소리 낼 줄 아셨습니다.

저는 아무런 공로도 없이 선택되었으며, 두려움과 떨림으로 여러분의 신앙과 기쁨을 위한 종이 되기를 원하는 형제처럼, 그리고 단 하나의 가족 안에 우리 모두 하나 되기를 원하시는 하느님의 그 사랑의 길을 여러분과 함께 걷기를 원하는 형제처럼 여러분에게 다가갑니다.

사랑과 일치, 이 두 단어는 예수님께서 베드로에게 맡기신 사명의 두 차원입니다.

티베리아스 호숫가로 우리를 인도하는 복음 이야기는 우리에게 이를 말해 줍니다. 바로 그 호숫가에서 예수님 자신은 아버지께 받은 사명을 시작하셨습니다. 다시 말해 악과 죽음의 물속에서 인류를 구원하기 위해 인간 공동체를 낚는 사명을 시작하신 것입니다. 그 호숫가를 지나가시며 예수님께서는 [당신]자신처럼 '사람 낚는 어부'가 되라고 베드로와 다른 첫 제자들을 부르셨습니다. 부활하신 다음 예수님께서는 이제 그들이 이 사명을 짊어지고 앞으로 나가며 복음의 희망이 세상의 물속에 잠기도록, 항상 새롭게 그물을 던지면서 모두 다시 하느님의 품속에 안길 수 있도록 생명의 바다를 항해하라고 그들에게 당부하십니다.

베드로 사도는 어떻게 이 임무를 수행할 수 있을까요? 복음은 그가 자신의 삶에서, 실패와 배반의 시간 속에서조차 하느님의 조건 없는 무한한 사랑을 경험했기 때문에 비로소 그것이 가능하다고 우리에게 말해 줍니다. 그래서 예수님께서 베드로에게 말씀하실 때, 복음서는 그리스어 동사 '아가파오 agapao'를 사용합니다. 이 동사는 하느님께서 지니신 우리에 대한 사랑, 아무런 계산도 없고 아무런 조건도 없이 당신 자신을 내어 주시는 그 사랑을 가리킵니다. 이 동사는 베드로의 대답에서 사용된 동사와는 다른 동사입니다. [베드로가 사용한 동사는] 우리끼리 서로 주고받는 우정의 사랑을 묘사합니다.

예수님께서 베드로에게 "요한의 아들 시몬아, 너는 나를 사랑하느냐?"(요한 21,16)라고 물으실 때, 이것은 아버지의 사랑을 가리킵니다. 예수님께서는 베드로에게 이렇게 말씀하시는 것처럼 보입니다. "네가 오직 사라지지 않는 이 하느님 사랑을 알고 경험했어야만 내 양들을 돌볼 수 있는 것이다." 다시 말해 이는 오직 아버지 하느님의 사랑 안에서만, 더 많은 사랑으로, 곧 네 형제들을 위해 목숨을 바치는 것으로 네 형제들을 사랑할 수 있을 것이라는 말씀입니다.

그러므로 베드로에게는 '더 많이 사랑하는' 임무와 양 떼를 위해 생명을 바치는 임무가 맡겨진 것입니다. 베드로의 직무는 바로 이 [목숨을 건네는] 희생적인 사랑으로 특정됩니다. 왜냐하면 로마 교회는 사랑으로 지휘하며, 그 참된 권위는 그리스도의 사랑이기 때문입니다. 이는 결코 위압감으로, 종교적 선동이나 위력으로 타인을 잡아 가두는 것이 아니라, 항상 그리고 오직 예수님께서 하셨던 것처럼 사랑하는 것입니다.

베드로 사도 자신이 확인하는 것처럼 "이 예수님께서는 '너희 집 짓는 자들에게 버림을 받았지만 모퉁이의 머릿돌이 되신 분'"(사도 4,11)이십니다. 그리고 이 돌이 그리스도라면, 베드로는 자신에게 맡겨진 사람들의 주인처럼 행세하면서(1베드 5,3 참조) 자신이 일종의 독자적 지도자이거나 다른 사람들 위에 있는 수장이라는 유혹에 결코 빠지지 않으면서 양 떼를 돌보아야 합니다. 그와는 반대로 형제들과 함께 걸어가면서 형제들의 믿음을 위해 봉사하는 것이 그에게 요구됩니다. 사실 우리는 모두 "살아 있는 돌"(1베드 2,5)로 세워졌으며 우리 세례성사를 통하여 형제적 친교와 성령의 조화 속에서 다양성이 공존하는 가운데 하느님의 집을 짓도록 부름받았습니다. 아우구스티노 성인이 말하듯이 "교회는 형제들과 화합하는 모든 이와 이웃을 사랑하는 모든 이로 이루어져"[13] 있습니다.

형제자매 여러분, 저는 이것이 우리의 첫 번째 염원이 되기를 바랍니다. 다시 말해서 일치된 하나의 교회, 일치와 친교의 표징인 교회, 그리하여 서로 화해하는 세계를 위한 누룩이 되는 교회가 되기를 바랍니다.

이 시대에 우리는 여전히 너무 많은 분열을 목격하고 있으며, 증오, 폭력, 편견, 다르다는 것에 대한 두려움, 지구의 자원을 착취하고 가장 가난한 이들을 배척하는 경제적 사고방식으로 인한 심각한 상처들을 마주하고 있습니다. 그래서 우리는 이 반죽 속에서 일치와 친교와 형제애의 작은 누룩이 되기를 원하고 있습니다. 우리는 겸손과 기쁨으로 세계에 이렇게 말하고 싶습니다. 그리스도를 바라보십시오! 그분께 가까이 가십시오! 밝게 비추고 위로하시는 그분의 말씀을 받아들이십시오! 그분의 유일한 가족이 되기 위해 사랑의 제안을 들으십시오! 왜냐하면 우리는 '그리스도 한 분 안에서 모두 하나'이기 때문입니다. 이것이야말로 우리가 함께 걸어야 할 길입니다. 그리고 이 길은 우리가 다른 그리스도교 자매 교회들, 다른 종교의 길을 걷는 이들, 불안 속에서 하느님을 찾는 이들, 선의를 지닌 모든 남녀와 함께 평화가 지배하는 새로운 세계를 건설하기 위해서 함께 걸어가야 할 길입니다.

이것이 선교적 정신입니다. 작은 집단 안에 우리 스스로를 가두거나 우리 자신이 세상보다 우월하다고 느끼지 않고, 우리에게 활력을 주어야 하는 선교적 정신인 것입니다. 다시 말해 우리는 차이를 없애지 않으면서도 오히려 각자의 개인사와 각 민족의 사회적이고 종교적인 문화에 가치를 부여하는 일치가 실현되도록 하느님의 사랑을 모든 이에게 봉헌하도록 부름받았습니다.

형제자매 여러분, 지금은 사랑의 시간입니다! 우리를 형제자매로 만드는 하느님의 사랑은 복음의 마음입니다. 그래서 오늘 레오 13세 교황님과 함께, 우리는 다음과 같이 질문해 볼 수 있습니다. "만약 이 기준이 세상에서 더 가치 있는 것이 된다면, 모든 분쟁이 즉시 사라지고 평화가 돌아오지 않을까요?"[14]

우리는 성령의 빛과 힘으로써 하느님의 사랑에 기초한 하나의 교회, 일치의 표징인 교회, 세상에 두 팔을 열어젖혀 하느님의 말씀을 선포하고, 역사에 영향을 받으면서 자신을 편히 쉬지 않도록 그냥 두는 교회, 인류를 위한 화합의 누룩이 되는 교회, 그러한 선교적 교회를 건설합시다.

유일한 백성으로서 또 모두가 한 형제로서, 함께 하느님을 만나러 걸어가면서 우리 서로 사랑합시다.

"형제자매 여러분, 지금은 사랑의 시간입니다!"

교황님은 교황 직무를 공식적으로 시작하시며 미사 강론에서 주님과 베드로 사도가 티베리아스 호숫가에서 나눈 대화를 상기하셨다. 베드로 사도의 직무는 '더 많이 사랑하는' 것이며 양 떼를 위해 생명을 바치는 것임을 밝히셨다.

또한 "교회는 형제들과 화합하는 모든 이와 이웃을 사랑하는 모든 이로 이루어져 있습니다."라는 아우구스티노 성인의 설교를 인용하시면서 일치된 하나의 교회, 일치와 친교의 표징인 교회, 그리하여 서로 화해하는 세계를 위한 누룩이 되는 교회가 되도록 자신의 직무 수행 방향을 제시하셨다. 여러 가지 요인으로 분열된 세계와 다양한 종파, 다양한 종교가 혼재하는 세계에서 교황님은 그리스도를 바라보자고 제안하신다.

우리 모두 그리스도를 바라보고 그분을 받아들여 그 안에서 하나가 될 때 분열된 세계와 갈라진 교회는 하나의 세계와 하나 된 교회로 거듭나게 될 것이다.

8

유일하신 그리스도 안에서 우리는 하나

다른 교회 대표단 및 교회 공동체 대표단,
타 종교 대표단에 행한 연설
2025년 5월 19일 월요일

사랑하는 형제자매 여러분! 저는 베드로의 후계자이자 로마 주교로서 제 직무를 시작하는 미사에 참석해 주신 다른 교회 대표단과 교회 공동체 대표단 및 타 종교 대표단 여러분 모두에게 큰 기쁨으로 진심 어린 인사를 드립니다. 저는 콘스탄티노폴리스의 바르톨로메오 1세 세계 총대주교님과 예루살렘 테오필로스 3세 총대주교님, 마르 아와 3세 아시리아 동방 교회 총대주교님께 형제적 사랑을 표하는 동시에 여러분 한 분 한 분에게 진심으로 감사를 드립니다. 이 자리를 빛내 주신 여러분의 현존과 기도는 저에게 큰 위로와 격려가 됩니다.

프란치스코 교황님이 교황 재위 기간 중에 보여 주신 강점 중 하나는 바로 보편적인 형제애였습니다. 이 점에 있어 성령께서는 특히 요한 23세 성인 교황님을 비롯한 역대 교황님들이 이미 시작한 개방과 기획을 힘차게 발전시켜 나가도록 참으로 "자극"해 주셨습니다. 회칙〈모든 형제들〉발표를 통해 프란치스코 교황님은 교회 일치 여정과 종교 간 대화를 추진하셨고, 무엇보다도 대인 관계를 발전시켜 교회의 유대 관계를 전혀 손상시키지 않으면서도 만남의 인간적 측면을 한층 더 가치 있게 만드셨지요. 우리가 그분의 증서를 보회로 산도록 하느님께서 도와주시기를 빕니다!

제가 교황으로 선출되던 날은 제1차 니케아 세계 공의회가 1,700주년을 맞이하는 날이기도 했습니다. 니케아 공의회는 모든 교회와 교회 공동체가 함께 고백하는 신경Credo의 기본적인 형태를 마련한 공의회입니다. 모든 그리스도인의 완전한 친교를 다시 수립하는 여정을 걸으며 우리는 이러한 일치가 믿음 안에서 하나 되는 것임을 깨닫게 됩니다. 로마 주교로서 저는 성부 하느님과 성자와 성령께 대한 같은 신앙을 고백하는 모든 이의 완전하고 가시적인 친교를 재건하는 것이 저의 가장 우선적인 의무 중 하나라고 생각합니다.

사실 일치를 위한 노력은 언제나 저의 끊임없는 관심사였습니다. 제가 "그리스도 안에서 우리는 하나"라는 아우구스티노 성인의 표현을 주교 직무를 위한 사목 표어로 택한 것이 이를 증명해 줍니다. 히포의 주교 아우구스티노 성인은 "비록 우리 그리스도인들은 여럿이지만 한 분이신 그리스도 안에서 우리는 하나"[15]라고 말씀하셨습니다. 실제로 우리의 친교는 주 예수님 안에 우리가 모이는 정도에 따라 실현됩니다. 주님께 충실하고 순종할수록 우리는 더욱더 서로 일치합니다. 그러므로 그리스도인으로서 우리 모두 이러한 일치의 목표에 한 걸음 한 걸음 도달하기 위해 함께 기도하고 일하도록 부름받았습니다. 일치는 바로 성령의 활동이며 앞으로도 그럴 것입니다.

더 나아가 시노달리타스와 에큐메니즘이 긴밀히 연결되어 있음을 잘 알고 있기에, 저는 프란치스코 교황님이 가톨릭 교회의 시노드적 특징을 증진하고 교회 일치 분야에서 더 강력한 시노달리타스를 새롭고 구체적인 형태로 발전시키려 하신 헌신을 계속 이어 가겠다는 의지를 확고히 다지고 싶습니다.

우리의 공동 여정은 넓은 의미에서 이해될 수 있고 또 반드시 그래야 하며, 위에서 말씀드린 인류 형제애의 정신에 모든 이가 참여해야 합니다. 오늘이 바로 대화하고 다리를 놓을 때입니다. 그러므로 모든 인간과 모든 피조물을 위해 언제나 사랑과 생명을 아끼지 않으시는 하느님을 찾고 그분의 뜻을 추구하는 여정을 함께하는 다른 종교 전통의 대표단이 참석해 주셔서 정말 기쁘고 감사하게 생각합니다.

여러분은 프란치스코 교황님이 종교 간 대화를 위해 엄청난 노력을 기울이신 것을 목격한 증인들입니다. 그분은 자신의 말과 행동을 통해 만남의 새로운 장을 여셨고, "우리는 대화의 문화를 우리가 나아가야 할 길로, 상호 협력을 행동 강령으로, 상호 이해를 방식과 기준으로 채택하기로 선언한다."[16]라는 내용을 증진하셨습니다. 그리고 저는 인류 형제애에 기반한 관계를 구축하기 위해 모임과 구체적인 교류를 장려하며 끈기 있게 작업에 필수적인 역할을 다하고 있는 교황청 종교 간 대화부에 감사합니다.

유다인과 무슬림 형제자매들에게도 특별한 인사를 전하고 싶습니다. 유다교와 그리스도교의 뿌리이기에 모든 그리스도인은 유다이즘과 특별한 관계를 맺고 있습니다. 제2차 바티칸 공의회 문헌 비그리스도교와 교회의 관계에 대한 선언〈우리 시대〉4항은 그리스도인과 유다인의 정신적 공동 유산이 이렇게 크기에 상호 이해와 존중을 증진하고 권장한다고 강조합니다. 그리스도인과 유다인의 신학적 대화는 여전히 중요하며, 저는 이를 크게 갈망하고 있습니다. 갈등과 오해로 점철된 이 어려운 시기에도 이토록 소중한 우리의 대화를 계속 이어 나갈 필요가 있습니다.

가톨릭 교회와 무슬림의 관계는 "살아 계시고 영원하시며 자비로우시고 전능하신 하느님, 하늘과 땅의 창조주, 사람들에게 말씀하시는 유일신을 흠숭"[17]하는 이 형제자매들에 대한 존중, 대화와 형제애를 통해 더 많은 노력을 기울이게 됩니다. 상호 존중과 양심의 자유에 기반한 이 같은 접근 방식은 우리 공동체 사이에 다리를 놓기 위한 단단한 기초가 됩니다.

여러 종교 전통에서 오신 대표자 여러분 모두에게, 이 만남에 참석해 주시고 평화를 위해 힘써 주신 데 깊은 감사의 마음을 전합니다. 폭력과 갈등으로 상처받은 이 세상에서, 여러분이 대표하시는 각 종교 공동체는 인류의 행복과 우리 공동의 집인 지구를 보호하기 위해 지혜와 따뜻한 마음을 기울이며 온 힘을 다해 노력하고 있습니다. 저는 우리가 이념과 정치적인 편견에서 벗어나 한마음으로 뜻을 모은다면, 전쟁에는 "아니오.", 평화에는 "예.", 군비 경쟁에는 "아니오.", 군비 축소에는 "예.", 사람들과 지구를 가난하게 만드는 경제 방식에는 "아니오.", 모두가 함께 발전하는 길에는 "예."라고 힘 있게 말할 수 있으리라 굳게 믿습니다.

제가 바라는 것은 우리가 실제 행동으로 보여 줄 수 있는 형제자매로서의 증거입니다. 이러한 증거는 선한 마음을 간직한 모든 사람들이 가슴속 깊이 소망하는 것처럼, 더욱 평화롭고 조화로운 세상을 만드는 데 틀림없이 큰 도움이 될 것입니다.

사랑하는 여러분, 여러분의 친밀함에 다시 한번 감사합니다. 마음속으로 하느님의 축복을 간청합시다. 우리가 하느님의 자녀이자 형제자매로 살아가도록 하느님께서 당신의 무한한 선하심과 지혜로 도와주시어 이 세상에 희망이 자라나기를 빕니다. 여러분께 진심으로 감사드립니다.

"오늘이 바로 대화하고 다리를 놓을 때입니다."

교황님은 '다른 교회 대표단과 교회 공동체 대표단 및 타 종교 대표단'과 만남을 가지셨다. 이 만남에 정교회 및 프로테스탄트, 그리고 타 종교 대표들이 참석했다. 제2차 바티칸 공의회 이후 가톨릭 교회는 정교회 및 프로테스탄트교와 일치를 위한 노력을, 타 종교들과는 대화를 통한 상호 종교 자유 문제를 발전시켜 왔다.

교황님은 이런 역사적 맥락 안에서 대화를 통한 "다리"라는 상징적 언어를 사용하시면서 일치와 종교 간 평화를 위한 노력을 말씀하셨다. 교황님은 자신의 교황 선출일이 니케아 공의회 1,700주년임을 언급하시며 신앙 안에서 하나 됨을 강조하셨다. 그리고 자신의 사목 표어인 "그리스도 안에서 우리는 하나"라는 아우구스티노 성인의 표현을 인용하시며 그리스도 안에서 하나 된다는 것의 의미를 새롭게 하셨다. 곧 친교는 주 예수님 안에서 모이는 정도에 따라 달라진다는 점, 다시 말해 주님께 충실한 정도에 따라 서로 일치하게 된다는 점을 강조하셨다.

9

은총, 신앙, 정의

> 성 바오로 사도 무덤을 방문하신 교황의 강론
> 2025년 5월 20일 화요일

우리가 들은 성경 구절은 로마 그리스도인들에게 보낸 바오로 사도의 아름다운 서한의 시작 부분입니다. 이 서한의 핵심 메시지는 은총, 신앙, 정의라는 세 가지 중요한 주제를 중심으로 전개됩니다. 이제 이 새로운 교황 직무의 시작을 만민의 사도이신 바오로 사도의 전구에 의탁하고, 그의 메시지를 함께 묵상해 봅시다.

바오로 사도는 무엇보다도 먼저 자신이 하느님을 통해 사도직의 은총을 받았다고 말합니다(로마 1,5 참조). 이는 그리스도와의 만남과 자신의 사도직이 하느님께서 그를 사랑으로 부르신 일과 연결되어 있음을 깨달은 것이며, 그 사랑은 그가 복음에서 멀리 떨어져 교회를 박해하던 시절에도 하느님께서 그를 새로운 삶으로 부르셨음을 의미합니다. 또 다른 회심자였던 아우구스티노 성인도 이와 같은 경험을 언급합니다. "우리 자신이 먼저 선택받지 않았다면 무엇을 선택할 수 있었겠습니까? 사실, 우리가 먼저 사랑받지 못했다면 사랑조차 할 수도 없었을 것입니다."[18]

모든 소명의 뿌리에는 하느님께서 계십니다. 그분의 자비, 그분의 선하심은 마치 어머니의 자비와도 같습니다(이사 66,12-14 참조). 어머니는 아직 스스로 먹을 수 없는 아이를 자연스럽게 자신의 몸으로 양육합니다.[19]

그러나 바오로 사도는 같은 구절에서 "믿음의 순종"(로마 1,5)에 대해서도 언급하며 자신이 직접 체험한 바를 나눕니다. 사실 그가 다마스쿠스로 가는 길에 나타나신 주님께서는(사도 9,1-30 참조) 그의 자유를 빼앗지 않으셨습니다. 오히려 그에게 스스로 선택할 여지를 남겨 두셨습니다. 그리고 결단의 가능성, 노력에서 비롯된 순종, 그가 마주할 준비가 된 내적·외적 갈등의 가능성을 남겨 주셨습니다. 구원은 마법처럼 일어나는 것이 아니라, 은총과 믿음의 신비, 즉, 하느님의 예지적 사랑, 인간의 신뢰와 자유로운 응답을 통해 이루어집니다(2티모 1,12 참조).

그러므로 우리는 바오로 사도의 삶을 변화시키신 주님의 부르심에 감사드리며, 우리 또한 주님의 부르심에 똑같이 응답하고 "우리에게 주신 성령을 통하여 우리 마음에 부어진"(로마 5,5 참조) 사랑의 증거가 될 수 있도록 도와 달라고 간구합시다. 우리는 사랑을 키우고 전파하며 서로에게 참된 이웃이 될 수 있는 은총을 주님께 간구합시다.[20] 박해자였던 그가 그리스도를 만난 후, 모든 이를 위해 자신을 내어 주며 "모든 사람에게 모든 것이 되려 했던"(1코린 9,19-23 참조), 심지어 그를 순교로까지 이끌었던 그 사랑을 우리도 실천합시다. 우리도 그와 같이, 육신의 연약함 속에서와 마찬가지로, 우리를 의롭게 하시는 하느님을 믿는 믿음의 역량(로마 5,1-5 참조)이 드러날 것입니다.

수 세기 동안 이 대성전은 베네딕도회 수도 공동체가 관리해 왔습니다. 그렇기에 복음 선포의 근원이자 원동력인 사랑을 말할 때, 베네딕토 성인이 그의 '수도 규칙'에서 끊임없이 강조한 수도원 내에서의 형제애와 모든 이에게 베푸는 환대[21]를 기억하지 않을 수 없습니다.

하지만 1,000년이 넘는 시간이 흐른 후, 또 다른 '베네딕토' 교황이신 베네딕토 16세 교황님께서 젊은이들에게 하신 말씀을 떠올리며 연설을 마무리하고자 합니다. "사랑하는 젊은이 여러분, 하느님께서는 우리를 사랑하십니다. 이것이 우리 삶의 위대한 진리이며, 다른 모든 것에 의미를 부여합니다. …… 우리 존재의 근원에는 하느님의 사랑의 계획이 있습니다." 그리고 믿음은 우리를 "이 사랑의 신비에 마음을 열고, 하느님께 사랑받는 사람으로 살아가도록" 이끕니다.[22]

여기에 베드로 사도의 후계자이자 바오로 사도의 사도적 열정의 상속자로서의 저의 사명을 포함하여 모든 사명의 단순하고도 독특한 근원이 있습니다. 주님께서 저에게 그분의 부르심에 충실히 응답할 수 있는 은총을 주시기를 기도합니다.

"모든 소명의 뿌리에는 하느님께서 계십니다."

교황님은 로마의 4대 대성전 가운데 하나인 성 바오로 대성당을 방문하시어 바오로 사도의 회심을 언급하셨다. 이방인의 사도가 된 바오로 사도의 삶에서 다마스쿠스로 가던 길에서 일어났던 사건은 주님의 부르심이었음을 강조하셨다. 그리고 그 부르심은 선물이었고 하느님의 자비였다는 점을 아우구스티노 성인의 말씀을 통해 설명하셨다. "우리 자신이 먼저 선택받지 않았다면 무엇을 선택할 수 있었겠습니까? 사실 우리가 먼저 사랑받지 못했다면 사랑조차 할 수도 없었을 것입니다."[23]

다시 말해 모든 소명의 뿌리에는 하느님께서 계시고, 하느님의 자비와 선하심은 어머니의 자비와도 같은 것이다. 그렇기에 회심한 바오로 사도의 삶이 증명하듯이 우리 역시 사랑의 증거자가 될 수 있도록 주님의 은총을 믿고 사랑을 실천해야 한다.

10

일치의 건설자들

> 로마 교황청 관리들과 성좌, 바티칸 시국 행정부,
> 로마대리구 직원들에게 하신 연설
> 2025년 5월 24일 토요일

    감사합니다. 박수갈채가 연설보다 길어지면, 연설을 더 길게 해야 해요! 그러면, 시작할까요? 잘 들어 주세요. 감사합니다! 성부와 성자와 성령의 이름으로, 주님의 평화가 여러분과 함께.

    사랑하는 형제자매 여러분! 로마 교황청, 바티칸 시국 행정부, 로마대리구의 실무 공동체를 구성하는 여러분 모두에게 인사드릴 수 있어 기쁩니다. 각 부서의 수장과 상급자들, 부서 책임자 및 모든 공무원 여러분에게 인사드립니다. 그리고 당국 관계자, 관리자들과 직원들에게 인사드립니다. 그리고 많은 가족들이 토요일을 이용해 참석해 주셔서 매우 기쁩니다.

우리의 첫 만남의 기회는 어떤 계획을 이야기하는 자리는 아닙니다. 오히려 이 만남은 여러분이 해 주신 섬김, 그리고 제가 전임자들에게 "물려받았다고 할 수 있는" 섬김에 감사를 표할 기회입니다. 진심으로 감사드립니다. 네, 아시겠지만, 저는 2년 전에 존경하는 프란치스코 교황님이 저를 주교부 장관으로 임명하신 후 페루의 치클라요교구를 떠나 이곳에서 일하게 됐습니다. 저에게는 정말 큰 변화였습니다.

그리고 이제…… 제가 무슨 말을 할 수 있을까요? 시몬 베드로가 티베리아스 호숫가에서 예수님께 한 말만 있을 뿐입니다. "주님, 주님께서는 모든 것을 아십니다. 제가 주님을 사랑하는 줄을 주님께서는 알고 계십니다."(요한 21,17)

교황들은 세상을 떠나지만, 교황청은 그대로 유지됩니다. 이는 모든 개별 교회와 교구에도 적용됩니다. 로마 주교의 교황청에도 마찬가지입니다. 교황청은 교회와 주교들의 직무에 대한 역사적 기억을 보존하고 전파하는 기관입니다. 이것은 매우 중요한 의미입니다. 기억은 살아 있는 유기체에서 필수적인 요소입니다. 기억은 단순히 과거로 돌아가는 것이 아니라, 현재에 영양을 공급하고 미래를 향해 나아가게 합니다. 기억이 없다면 길을 잃고 여정의 의미를 잃게 됩니다.

사랑하는 여러분, 제가 여러분에게 전하고 싶은 첫 번째 생각은 이것입니다. 로마 교황청에서 일한다는 것은 제가 방금 언급한 '중요한 의미', 즉 교황청의 [역사적] 기억을 살아 있게 유지하는 데 기여하는 것을 의미하며, 교황의 직무가 최선의 방법으로 수행될 수 있도록 하는 것입니다. 이는 바티칸 시국의 봉사에서도 마찬가지로 적용됩니다.

기억이라는 측면에 더해 제가 언급하고 싶은 또 다른 측면은 교회, 교황청, 베드로 사도의 직무와 관련된 모든 기관의 선교적 차원입니다. 프란치스코 교황님은 이를 매우 중요하게 여기셨고, 교황 권고 〈복음의 기쁨〉에 제시된 계획에 따라 교황령 〈복음을 선포하여라〉를 반포하여 교황청을 복음화의 관점에서 개혁하셨습니다. 프란치스코 교황님은 전임 교황님들, 특히 바오로 6세 성인 교황님과 요한 바오로 2세 성인 교황님의 발자취를 따르셨습니다.

여러분도 아시겠지만, 선교 활동이라는 경험은 제 삶의 일부입니다. 제가 모든 그리스도인과 마찬가지로 세례를 받았기 때문만은 아닙니다. 제가 아우구스티노 수도회 소속으로 페루에서 선교사로 활동하면서 페루 국민들 사이에서 저의 사목적 소명이 성숙해졌기 때문입니다. 이 선물을 주신 주님께 어떻게 감사드려도 모자랄 정도입니다. 더욱이 로마 교황청에서 교회를 섬기라는 부르심은 제가 지난 2년 동안 여러분과 공유해 온 새로운 소명이었습니다. 그리고 저는 주님께서 원하시는 한, 저에게 맡겨진 이 섬김을 계속할 것입니다.

그러므로 저는 5월 8일 저녁 첫인사에서 권고드린 내용을 다시 한번 강조하고 싶습니다. "우리는 함께 선교하는 교회, 다리를 놓는 교회, 대화를 나누는 교회, 언제나 열린 마음으로 모든 사람을 환대할 준비가 되어 있는 교회가 되어야 합니다. 우리의 자선, 우리의 존재, 우리의 대화, 우리의 사랑이 필요한 모든 이"에 대해 말입니다. 이 권고는 로마 교회에 전달됐습니다. 이제 저는 교회의 사명이 모든 교회아 온 세상을 향해, 사랑과 진리 안에서 친교와 일치를 섬기는 것임을 생각하며 이 권고를 반복합니다. 주님께서는 이 임무를 베드로 사도와 그의 후계자들에게 맡기셨고, 여러분 모두는 이 위대한 일을 위해 다양한 방법으로 협력하고 있습니다. 여러분은 헌신과 믿음을 가지고 일상 업무를 수행함으로써 기여합니다. 믿음과 기도는 음식에 소금을 뿌리는 것처럼 맛을 내 주기 때문입니다.

우리 모두 일치와 사랑이라는 고귀한 대의에 협력해야 한다면, 무엇보다도 일상생활에서, 특히 직장 생활에서 우리의 행동부터 협력하도록 헌신해야 합니다. 프란치스코 교황님이 가르쳐 주신 것처럼, 우리는 모두 동료들에 대한 태도를 통해 일치의 건설자가 될 수 있으며, 인내심, 겸손, 타인에 대한 공감, 편견 회피, 그리고 적절한 유머를 통해 불가피한 오해를 극복할 수 있습니다.

사랑하는 형제자매 여러분, 다시 한번 진심으로 감사드립니다! 5월입니다. 우리 모두 동정 마리아께 간구하며 로마 교황청과 바티칸 시국, 그리고 여러분의 가족들, 특히 어린이, 노인, 병자, 고통받는 이들을 축복해 주시기를 기도합시다.

감사합니다! 이제 우리 다 같이 성모송을 바칩시다. 은총이 가득하신 마리아님……. 다시 한번 감사드립니다, 모든 축복이 있기를 바랍니다!

"기억, 선교, 친교."

로마 교황청, 바티칸 시국, 로마 교구에서 일하는 다양한 직군의 사람들과 만난 자리에서 교황님은 이 세 단어를 통해 각 기구의 중요 역할을 강조하셨다. 로마 교황청은 교회와 주교들의 직무에 대한 역사적 기억을 보존하고 전파하는 기관이며, 교황님은 기억의 현재적 역할, 곧 현재에 영양을 공급하고 미래를 향해 나아가는 데 중요한 역할을 한다는 점을 말씀하셨다. 곧 여기서 일하는 사람들은 로마 교황청의 이러한 역할에 봉사해야 하며 바티칸 시국에서 일하는 사람들도 이를 유념해야 한다.

또 다른 측면은 선교적 차원이다. 교황님은 여러 자리에서 선교사로서 자신의 삶에 대해 말씀하셨다. 이는 선교 지역에서 20여 년간 활동한 경험이 자연스럽게 스며든, 선교사 출신 교황의 고유한 부분인 것 같다. 교황님의 말씀은 신학적 차원과 교황직 직무 수행의 맥락만이 아니라 삶 자체가 선교였음을 보여 준다. 이로써 교황청과 바티칸 시국은 교회의 선교 사명을 잊지 말아야 함을 일깨우셨다. 아울러 이 기구들은 언제나 다리를 놓고 모든 이에게 열려 있는 조직이 되어야 하며, 교회의 사명을 온 교회와 세상에서 실현해 나가야 함을 강조하셨다.

11

경청, 이해, 기억

로마 주교의 주교좌 성당 착좌 미사 강론
2025년 5월 25일 일요일

저는 이 자리에 계신 추기경님들, 특히 로마교구 총대리 추기경님과 보좌 주교님들, 모든 주교님들과 사랑하는 신부님들, 본당 신부님들과 보좌 신부님들, 우리 공동체에서 사목적 돌봄에 여러 직책으로 협력하는 모든 분을 비롯해 부제들과 남녀 수도자들, 당국 관계자와 사랑하는 신자 여러분 모두에게 따뜻한 인사를 전합니다.

로마 교회는 베드로와 바오로, 그리고 수많은 순교자의 증거에 뿌리내린 장구한 역사를 이어받았고, 이 주교좌 성당 정면에 새겨진 대로 Mater Omnium Ecclesiarum, 곧 모든 교회의 어머니가 되는 유일한 사명을 지향합니다.

프란치스코 교황님은 종종 교회의 어머니다운 차원을 묵상하도록 우리를 초대하셨습니다.[24] 아울러 교회의 고유한 특징들, 곧 온유한 사랑과 기꺼이 희생하는 자세, 단지 도움을 주는 것을 넘어 도움을 요청받기도 전에 궁핍한 처지에 있는 이들에게 미리 다가가 경청할 줄 아는 역량을 성찰하라고 권고하셨습니다. 이는 하느님 백성 가운데 어느 곳에서나, 거대한 우리 교구의 가족인 신자들과, 무엇보다도 저를 포함한 목자들 안에서 더 많이 논의되기를 바라는 주제들입니다. 이에 관한 내용은 오늘 우리가 들은 전례 독서를 성찰하는 데 많은 도움을 줄 수 있습니다.

특히 사도행전(15,1-2.22-29 참조)은 초대 공동체가 복음을 전하면서 이방인들에게 어떻게 문을 열어야 하는가 하는 중대한 문제에 부딪혔던 이야기를 들려줍니다. 쉽지 않은 과정이었습니다. 서로 인내하며 귀 기울여 듣는 것이 무엇보다 중요했습니다. 이런 일이 안티오키아 공동체에서 먼저 일어났습니다. 그곳 형제들은 서로 대화하고 때로는 격론을 벌이기도 하면서 마침내 함께 해답을 찾아갔습니다. 그런 다음 바오로와 바르나바는 예루살렘으로 올라갔습니다. 혼자서 결정을 내리지 않았습니다. 어머니 교회와 하나가 되고자 했고, 겸손한 마음으로 그들을 찾아간 것입니다.

그곳에서 그들은 자신들의 이야기에 귀 기울여 주는 베드로와 사도들을 만났습니다. 이렇게 해서 대화가 시작되었고, 마침내 올바른 결정에 이르게 되었습니다. 새로 신앙을 받아들인 이들의 어려움을 헤아리고 배려하여, 꼭 필요한 몇 가지 사항만을 요구하고 무거운 짐은 지우지 않기로 합의한 것입니다(사도 15,28-29 참조). 그리하여 처음에는 문제로 여겨지던 일이 모든 이에게 깊이 생각하고 함께 성장하는 기회가 되었습니다.

하지만 성경은 사건에 담긴 풍부하고 흥미로운 인간적 이야기를 넘어 우리에게 더 깊은 의미를 전해 줍니다. 예루살렘의 형제들이 안티오키아 형제들에게 편지로 자신들의 결정을 알리면서 한 말이 바로 그것을 보여 줍니다. 그들은 "성령과 우리가 함께 결정하였다."라고 썼습니다(사도 15,28 참조). 다시 말해 모든 일에서 가장 중요한 것은 하느님의 목소리에 귀 기울이는 것이며, 이러한 경청이야말로 모든 것을 가능하게 만든다는 사실을 강조한 것입니다.

따라서 진정한 일치는 무엇보다 먼저 "무릎을 꿇고" 기도하며 끊임없이 회심하려는 노력에서 시작된다는 것을 일깨워 줍니다. 실제로 이렇게 할 때에만 우리 각자는 "아빠! 아버지!"(갈라 4,6)라고 부르짖는 성령의 목소리를 들을 수 있고, 그 결과 다른 이를 형제자매로 받아들이고 이해할 수 있게 됩니다.

오늘 복음 역시 인생의 선택 앞에서 우리가 혼자가 아니라는 동일한 메시지를 거듭 강조합니다(요한 14,23-29 참조). 성령께서 모든 것을 "가르치시고", 예수님께서 우리에게 하신 모든 말씀을 "기억하게 해 주시면서"(요한 14,26 참조) 우리를 도와주시고 우리가 걸어야 할 길을 보여 주십니다.

무엇보다 성령께서는 주님의 말씀을 가르치시고 우리 마음 깊숙이 새겨 주십니다. 이는 율법이 더 이상 돌판에 새겨지는 것이 아니라 우리 마음에 새겨진다는 성경 말씀과 같습니다(예레 31,33 참조). 이러한 은총은 우리가 서로에게 "그리스도의 추천서"(2코린 3,3)가 되기까지 자라나도록 도와주는 선물입니다. 바로 이런 뜻입니다. 우리가 복음에 사로잡히고 변화될수록, 성령의 권능이 우리 내면을 정화하시게끔 내어 맡길수록, 복음을 전할 수 있는 힘도 커집니다. 성령께서는 우리의 말을 순수하게 만드시고, 우리의 마음을 정직하고 맑게 하시며, 우리의 행동을 너그럽게 해 주십니다.

또한 여기서 "기억하다"라는 표현의 또 다른 중요한 의미가 드러납니다. 우리가 살아온 일들과 배운 것들에 마음을 기울여 그 뜻을 더 깊이 깨닫고 그 아름다움을 마음껏 누리는 것입니다.

이와 관련해 저는 로마교구가 지난 몇 년간 걸어온 힘겨운 여정을 떠올립니다. 이 여정은 여러 차원에서 귀를 기울이는 것이 특징입니다. 여러 도전을 받아들이기 위해 주변 세상에 귀 기울이고, 필요를 파악하고, 복음화와 사랑의 실천을 지혜롭고 예언자적으로 이끌어 가기 위해 공동체 안에서 경청해야 합니다. 매우 풍성하지만 또한 매우 복잡한 현실을 품어 안으려고 애쓰는 어려운 여정이며, 아직도 계속되고 있습니다. 하지만 이는 교회의 역사에 걸맞은 일입니다. 교회는 새롭고 힘든 상황 앞에서도 과감히 나서고, 용기가 필요한 사업에 아낌없이 헌신하면서 "크게" 생각할 줄 아는 역량을 여러 번 보여 주었기 때문입니다.

희년을 맞아 교구 전체가 순례자들을 따뜻하게 맞이하고 돌보며 수많은 다른 일에 온 마음을 쏟고 있는 그 위대한 노력이 바로 증거입니다. 많은 이의 헌신 덕분에 이 도시는 멀리서 찾아오는 이들을 열린 마음으로 맞이하며 무엇보다도 신앙의 보금자리와 같은 큰 집처럼 다가갑니다.

아우구스티노 성인이 "나는 여러분과 함께 그리스도인이고 여러분을 위해서는 주교입니다."[25]라고 말씀하신 것처럼, 저는 함께 배우고 깨달으며 결정해 나가기 위해 가능한 한 모든 이의 목소리에 귀 기울이면서, 이처럼 큰 일터에 들어서고자 하는 간절한 마음과 다짐을 표명합니다. 대大 레오 교황님의 말씀을 마음에 새기며, 기도와 사랑으로 하나 되어 제가 이 일을 해낼 수 있도록 여러분이 도와주시기를 부탁드립니다. "우리가 직무를 수행하면서 이루는 모든 선한 일은 우리 공로가 아니라 그리스도께서 하시는 일입니다. 그분 없이는 우리가 아무것도 할 수 없기에, 우리는 그분께만 영광을 돌립니다. 우리가 하는 모든 일의 힘은 그분에게서 나오기 때문입니다."[26]

끝으로 저는 요한 바오로 1세 복자 교황님의 말씀으로 이 강론을 마무리하고자 합니다. 환하고 평화로운 얼굴로 "미소의 교황"이라 불리던 교황님은 1978년 9월 23일 로마 교구 가족들에게 인사하면서 이렇게 말씀하셨습니다. "비오 10세 성인 교황님이 총대주교로 베네치아에 부임하실 때 산 마르코 성당에서 외치셨습니다. '베네치아 시민 여러분, 제가 여러분을 사랑하지 않는다면 저는 어떻게 되겠습니까?' 저는 로마 시민들에게 이와 같은 말씀을 드립니다. 저는 여러분을 사랑합니다. 저는 오직 여러분을 섬기고 싶을 뿐이며, 저의 보잘것없는 힘과 제가 가진 미약한 모든 것, 바로 이 모습 그대로의 저 자신을 여러분 모두에게 바치고 싶습니다."[27]

저 또한 여러분에게 저의 모든 사랑을 전하며, 함께하는 이 여정에서 여러분과 더불어 기쁨과 슬픔, 수고와 희망을 나누고 싶습니다. 저도 "제가 가진 미약한 모든 것과 이 모습 그대로의 저를" 여러분께 드립니다. 그리고 베드로 사도와 바오로 사도의 전구와 함께, 이 교회의 역사와 로마의 거리를 거룩함으로 밝혀 준 수많은 형제자매들의 전구에 맡겨 드립니다. 동성이신 성모님, 저희와 함께 걸어 주시고 저희를 위해 빌어 주소서.

미사 말미에 성 요한 라테라노 대성전 중앙 발코니에서 로마 시에 강복하며 하신 말씀

평화가 여러분과 함께! 사랑하는 형제자매 여러분, 로마 공동체 여러분, 오늘 저녁 여러분의 로마 주교로서 저의 착좌식을 거행한 이 예식에서 여러분과 함께할 수 있어 정말 기쁩니다. 여러분 모두에게 감사드립니다!

특히 이 희년 동안 희망을 찾아 나서고, 세상에 희망을 전해 주는 증인이 되도록 힘쓰며 우리의 신앙을 살아갑시다. 세상은 전쟁과 폭력, 가난으로 인해 너무나 큰 아픔을 겪고 있습니다! 그러나 주님께서는 우리 그리스도인들에게 언제나 살아 있는 증거가 되라고 하십니다. 우리의 신앙을 살아 내며, 우리 마음 안에 예수 그리스도께서 함께 계심을 느끼고, 그분께서 우리의 걸음마다 늘 동행해 주신다는 것을 알아야 합니다.

함께 걸어 주셔서 고맙습니다. 모두 함께 걸어갑시다! 저는 여러분과 함께 그리스도인이며 여러분을 위한 주교이니, 언제나 저를 믿고 의지해 주십시오. 모든 분께 감사드립니다! 모두 안녕히 계세요. 우리 모두 이 기쁨을 늘 간직하며 살아갑시다. 고맙습니다.

"진정한 일치는 무엇보다 먼저 무릎을 꿇고 기도하며 끊임없이 회심하려는 노력에서 시작된다."

로마교구, 혹은 로마대목구는 교황을 모시는 모든 교회의 어머니 교회다. 그렇기에 그 교구장은 교황 자신이며 실질적 차원에서 사목은 '교황 총대리'를 통해 이루어지는 조금 독특한 사목 조직을 지닌다. 또한 이곳에서 착좌식을 거행하는 이유는, 바티칸에 있는 성 베드로 대성전이 존재하기 이전에 로마 교황청이 이곳에 있었고 산 조반니 인 라테라노 대성전이 교황의 주교좌이기 때문이다. 이런 의미에서 교황님은 이곳 대성전에서 착좌식을 거행하신 것이다.

교황님은 최근 들어 로마교구가 걸어온 변화와 어려움을 언급하시면서 하느님 목소리에 귀 기울이고 성령 안에서 결정해 나갈 것을 제안하셨다. 그리고 모든 일에서 가장 중요한 것은 하느님의 목소리에 귀 기울이는 것이며, 이러한 경청이야말로 모든 것을 가능하게 만든다는 사실을 강조하셨다. 따라서 진정한 일치는 무엇보다 먼저 "무릎을 꿇고" 기도

하며 끊임없이 회심하려는 노력에서 시작된다는 것을 알아야 하고, 이렇게 할 때에만 각자는 성령의 목소리를 들을 수 있으며, 그 결과 다른 이를 형제자매로 받아들이고 이해할 수 있다.

12

소유하는 것이 아니라 자유롭게 해 주는 것

사제 서품식 미사 강론
2025년 5월 31일 토요일

사랑하는 형제자매 여러분, 오늘은 교회와 사제품을 받는 여러분 한 사람 한 사람, 그리고 수년간 여러분의 양성 여정을 함께해 온 가족과 친구, 동료들에게 큰 기쁨의 날입니다. 사제 서품 예식의 여러 구절에서 강조하듯이, 오늘 우리가 거행하는 사제 직분과 하느님 백성의 관계는 참으로 근본적입니다. 지금 우리가 함께 나누는 거룩한 기쁨, 그 깊이와 넓이, 그리고 지속되는 힘은 서품받는 여러분과 여러분을 낳고 기르며 파견하는 백성 사이에 맺어지고 자라날 유대의 깊이에 따라 결정됩니다. 저는 사제의 정체성이 최고 목자이자 영원한 사제이신 그리스도와의 일치에서 나온다는 점을 마음에 두면서, 이 문제에 관해 잠시 묵상하고자 합니다.

우리는 하느님 백성입니다. 제2차 바티칸 공의회는 이러한 깨달음을 더욱 생생하게 일깨워 주었습니다. 마치 앞으로 다가올 시대, 갈수록 소속감이 약해지고 하느님을 향한 마음이 더욱 메말라 갈 그 시대를 내다본 듯합니다. 여러분은 바로 그 증인입니다. 하느님께서 당신의 자녀들을 모으시되, 비록 서로 다르지만 하나의 역동적 일치로 이끄시는 일에 결코 지치지 않으신다는 사실의 증인입니다.

이는 거센 바람이 아닙니다. 오히려 엘리야 예언자가 절망에 빠졌을 때 다시금 희망을 불어넣어 준 그 부드러운 산들바람과 같습니다(1열왕 19,12 참조). 하느님의 기쁨은 요란하지 않습니다. 참으로 역사를 바꾸고 우리를 서로 더 가까이 이끌어 주는 기쁨입니다. 교회가 5월의 마지막 날에 묵상하는 복되신 동정 마리아의 방문이 내포하는 신비가 바로 이를 보여 주는 살아 있는 표상입니다. 동정 마리아와 사촌 엘리사벳이 만났을 때, 우리는 그 만남에서 '마니피캇'이 흘러나오는 것을 봅니다. 은총을 입은 하느님 백성의 노래가 터져 나오는 것을 봅니다.

방금 우리가 들은 독서 말씀들이 지금 우리 가운데서 일어나는 일을 해석하는 데 도움을 줍니다. 무엇보다 복음(요한 17,6.14-19 참조)에서 예수님께서는 임박한 죽음에 짓눌려 계시지 않습니다. 끊어지거나 미완성인 채로 남아 있는 관계들 때문에 낙심하고 계시지도 않습니다. 오히려 성령께서 그 위태로운 관계들을 더욱 굳건하게 만드십니다. 기도 안에서 그 관계들은 죽음보다도 더 강해집니다. 예수님께서는 당신의 개인적 앞날을 염려하는 대신, 이 땅에서 맺으신 모든 관계를 아버지의 손에 맡기십니다. 우리도 그 관계 안에 들어가 있습니다! 복음이 우리에게 전해진 것도 바로 이런 관계의 끈을 통해서입니다. 세상이 이 끈을 약하게 만들 수는 있어도 완전히 끊을 수는 없습니다.

사랑하는 서품자 여러분, 이제 여러분도 예수님처럼 살아가십시오! 하느님께 속한다는 것, 하느님의 종이요 하느님의 백성이 된다는 것은 우리를 땅과 연결해 줍니다. 이상향이 아니라 현실의 세상과 연결해 줍니다. 예수님처럼, 아버지께서 여러분의 여정에서 만나게 하시는 사람들도 살과 피를 가진 구체적인 존재들입니다. 그들에게 여러분 자신을 온전히 봉헌하십시오. 그들에게서 멀어지지 말고 홀로 고립되지도 마십시오. 여러분이 받은 선물을 특권으로 여기지도 마십시오. 프란치스코 교황님께서 여러 차례 우리에게 경고하신 바와 같습니다. 자기 자신만을 바라보는 마음이 선교 정신의 불꽃을 꺼뜨린다고 하셨습니다.

교회는 본질적으로 밖을 향해 있습니다. 예수님의 생애, 수난과 죽음, 부활이 모두 밖을 향해 있는 것처럼 교회도 그러합니다. 여러분은 미사 때마다 예수님의 말씀을 자신의 것으로 삼게 됩니다. "너희와 많은 이를 위하여"라는 그 말씀 말입니다. 하느님을 본 사람은 아무도 없습니다. 그분께서 우리에게 다가오셨고, 당신 자신을 드러내셨습니다. 성자께서는 성부에 대한 해석이 되셨고, 살아 있는 이야기가 되셨습니다. 그리고 우리에게 하느님의 자녀가 될 힘을 주셨습니다. 다른 것을 찾지 마십시오. 다른 힘을 구하지 맙시다!

예수님께서 어린이들을 받아들이시고 병자들을 낫게 하시는 손을 얹는 동작, 곧 안수 행위가 여러분 안에서 주님의 메시아 직무에 담긴 해방의 권능을 새롭게 하길 빕니다. 조금 후에 우리가 거행하게 될 그 안수는 사도행전에서 창조주 성령의 전달로 묘사됩니다. 이처럼 하느님 나라는 이제 자기 자신으로부터 나오게 하여 여러분의 개인적인 자유를 공동체 앞에 내어놓게 하고, 여러분의 지성과 젊은 힘을 예수님께서 당신 교회에 전하신 기쁜 선교 사명에 접목하게 합니다.

우리가 제1독서에서 들은 에페소 공동체 원로들에게 한 말에서 바오로 사도는 모든 선교 사명의 비결을 전해 줍니다. "성령께서 여러분을 양 떼의 감독으로 세우시어 교회를 돌보게 하셨습니다."(사도 20,28 참조) 주인이 아니라 목자로 세우셨습니다. 선교 사명은 예수님의 선교 사명을 뜻합니다. 그분께서는 부활하신 주님이시고, 따라서 살아 계시고 우리보다 앞서가십니다. 우리 중 그 누구도 그분을 대신하도록 부름받지 않았습니다. 주님 승천 대축일은 우리에게 그분의 보이지 않는 현존을 가르쳐 줍니다. 그분께서는 우리를 신뢰하시고 우리에게 자리를 내어 주십니다. 이렇게 말씀하시기까지 하십니다. "내가 떠나는 것이 너희에게 이롭다."(요한 16,7)

사랑하는 서품자 여러분, 우리 주교들도 여러분을 선교 사명에 참여시키면서 자리를 내어 줍니다. 그리고 여러분은 신자들과 모든 피조물에게 자리를 내어 주십시오. 부활하신 주님께서는 피조물과 가까이 계시며, 그 안에서 우리를 찾아오시고 놀라게 하십니다. 하느님의 백성은 우리가 보는 것보다 훨씬 더 많습니다. 경계를 그어서는 안 됩니다.

바오로 사도의 감동적인 고별사에서 또 하나 강조하고 싶은 말이 있습니다. 사실 이 말이 다른 모든 것에 앞서 나옵니다. 바오로 사도는 이렇게 말합니다. "여러분은 내가 그 모든 시간을 어떻게 지냈는지 잘 알고 있습니다."(사도 20,18 참조) 이 표현을 우리 마음과 정신에 깊이 새겨 둡시다! "여러분은 내가 어떻게 지냈는지 잘 알고 있습니다." 이것이 바로 삶의 투명성입니다. 알려진 삶, 읽히는 삶, 신뢰할 만한 삶입니다! 우리는 하느님의 백성 안에 머물러야 합니다. 신뢰할 만한 증언으로 그들 앞에 설 수 있도록 말입니다.

그러므로 우리는 함께 교회의 신뢰를 회복해야 합니다. 상처받은 교회가 상처받은 인류에게, 상처받은 이 세상에 파견되어 다시금 신뢰를 얻어야 합니다. 우리는 아직 완전하지 못합니다. 하지만 믿을 만한 사람으로 살아가야 합니다.

부활하신 예수님께서는 우리에게 당신의 상처를 보여 주십니다. 그 상처는 인류가 당신을 거부한 흔적이지만, 주님께서는 우리를 용서하시고 세상으로 보내십니다. 이를 잊어서는 안 됩니다! 그분께서는 오늘도 우리에게 당신의 숨을 불어넣으시며(요한 20,22 참조) 우리를 희망을 전하는 사람으로 세워 주십니다. "그러므로 우리는 이제부터 아무도 속된 기준으로 이해하지 않습니다."(2코린 5,16) 우리 눈에 부서지고 사라진 것처럼 보이는 모든 것들이 이제는 하느님과 화해하는 표징으로 다가옵니다.

사랑하는 형제자매 여러분, "그리스도의 사랑이 우리를 다그칩니다."(2코린 5,14) 그것이 우리를 자유롭게 하고, 누구도 소유물로 여기지 않도록 해 줍니다. 소유하려 하지 말고 자유롭게 해 주어야 합니다. 우리는 하느님께 속한 사람들입니다. 이보다 더 크고 소중하며 서로 나눌 수 있는 보화는 없습니다. 나눌수록 더욱 풍성해지는 유일한 보화입니다. 하느님께서 외아들을 내어 주실 만큼 사랑하신 이 세상을 위해 우리가 함께 보화를 가져다 줍시다(요한 3,16 참조).

잠시 후 사제로 서품될 이 형제들의 삶이 얼마나 의미 깊은지 모릅니다. 이 형제들에게 감사드리고, 모든 이가 사제직을 지닌 하느님 백성을 섬기도록 불러 주신 하느님께 감사드립니다. 우리는 참으로 함께 하늘과 땅을 잇는 다리가 됩니다. 교회의 어머니이신 마리아 안에서 이 공동 사제직이 빛을 발합니다. 낮은 이들을 높이 들어 올리고, 세대와 세대를 하나로 묶으며, 우리를 행복하다 일컬어 주시는(루카 1,48.52 참조) 그 사제직이 빛납니다. 믿음의 어머니이시자 희망의 어머니이신 성모님, 저희를 위하여 빌어 주소서.

"소속감, 투명한 삶, 교회의 신뢰 회복."

교황님은 사제 서품식 미사 강론에서 현대 교회가 직면한 사제 생활의 중요 요소를 지적하셨다. 우선 소속감 문제다. 큰 틀에서 사제는 하느님 백성의 일부다. 하느님께 속해 있고 하느님의 종이요 하느님 백성의 일원으로서 사제는 세상과 하느님을 연결하는 사람이 되어야 하는 것이다. 이러한 소속감은 사제가 교회의 선교적 본질에 참여하게 만든다. 목자가 된다는 것은 양들을 위해 자신을 내어 주면서 그들에게 복음을 선포하는 자가 되는 것이다.

또한 사제는 투명한 삶을 살아가면서 신뢰받는 삶, 알려진 삶을 살아가는 자여야 한다. 이 측면은 다시 사제가 하느님 백성의 일원이라는 깊은 인식을 살아야 할 필요를 말해 준다. 소속감 없이 홀로 된 사제, 하느님 백성과 무관하고 양들에 대해서 관심 없는 사제의 삶은 문제가 있는 것이다. 자기 자신만을 바라보는 마음은 선교 정신의 불꽃을 꺼뜨려 버리기 때문이다.

이러한 자세로 살아가는 사제는 상처받은 인류에게 파견된 자이다. 상처받은 교회가 상처받은 인류에게, 상처받은 이 세상에 파견되어 다시금 신뢰를 얻어야 하는 것이다. 사제는 부활하신 예수님께서 당신 상처를 보여 주셨던 점을 기억하면서 상처 입은 인류에게 희망을 전하는 사랑의 전도사가 되어야 한다. 오직 하느님의 사랑을 전하는 사람이 되어야 하는 것이다. 이런 삶의 투명성은 상처 입은 인류를 치유하는 데 도움이 될 것이다.

13

유일하신 구세주 안에서 하나가 되는 것

> 가정, 어린이, 조부모, 노인의 희년에 행한 강론
> 2025년 6월 1일 일요일

방금 우리가 들은 복음은 최후의 만찬에서 우리를 위해 기도하시는 예수님의 모습을 보여 줍니다(요한 17,20 참조). 사람이 되신 하느님의 말씀은 이제 당신의 지상 생활 마지막에 이르러 당신의 형제들, 곧 우리를 생각하시며 축복을 내리시고, 성령의 힘으로 아버지께 간청하시고 그분의 영광을 기리십니다. 그래서 우리도 경이로움과 신뢰로 가득 차 예수님의 기도 안으로 들어가 그분의 사랑과 똑같은 사랑으로 인류 전체와 관련된 위대한 계획에 참여하게 됩니다.

그리스도께서는 우리 모두 "하나가 되게"(요한 17,21) 해 주시길 청하십니다. 이는 우리가 바랄 수 있는 가장 큰 선입니다. 이 보편적 일치야말로 피조물 사이에 영원한 사랑의 친교를 실현하기 때문입니다. 사랑의 친교 안에서 하느님께서는 당신 자신을 드러내십니다. 곧 성부께서 생명을 주시고, 성자께서는 생명을 받으시며, 성령께서 그 생명을 함께 나누시는 것입니다.

주님께서는 우리가 일치하되 이름 없는 무리처럼 뒤섞여 무분별한 덩어리가 되기를 원하지 않으십니다. 주님께서 바라시는 것은 우리가 참으로 하나가 되는 것입니다. "그들이 모두 하나가 되게 해 주십시오. 아버지, 아버지께서 제 안에 계시고 제가 아버지 안에 있듯이, 그들도 우리 안에 있게 해 주십시오."(요한 17,21) 예수님께서 기도하시는 일치는 하느님께서 우리를 사랑하시는 바로 그 사랑에 기초를 둔 친교입니다. 하느님의 사랑으로부터 세상에 생명과 구원이 주어집니다. 그러므로 이는 무엇보다 먼저 예수님께서 가져다주시는 선물입니다. 사실 성자께서는 당신이 지니신 인간의 마음으로 성부께 이렇게 간청하십니다. "저는 그들 안에 있고 아버지께서는 제 안에 계십니다. 이는 그들이 완전히 하나가 되게 하려는 것입니다. 그리고 아버지께서 저를 보내시고, 또 저를 사랑하셨듯이 그들도 사랑하셨다는 것을 세상이 알게 하려는 것입니다."(요한 17,23)

이 말씀에 경탄하며 귀 기울여 봅시다. 예수님께서는 하느님께서 당신 자신을 사랑하시듯이 우리를 사랑하신다는 것을 보여 주십니다. 아버지께서는 당신의 외아드님을 사랑하시는 것 못지않게 우리를 사랑하십니다. 다시 말해 하느님께서는 당신의 아드님을 무한히 사랑하십니다. 하느님께서 우리를 덜 사랑하시는 것이 아닙니다. 다만 성자를 먼저, 제일 먼저 사랑하실 뿐입니다! 그리스도께서도 아버지께 말씀드리며 이를 직접 증언하십니다. "세상 창조 이전부터 아버지께서 저를 사랑하셨습니다."(요한 17,24 참조) 바로 그렇습니다. 하느님께서는 항상 당신의 자비로 모든 이를 당신께로 이끌기를 원하십니다. 그리고 그리스도 안에서 우리를 위해 선사하신 그분의 생명은 우리를 하나가 되게 하고 우리를 하나로 묶어 줍니다. '가정, 어린이, 조부모, 노인의 희년'을 지내는 오늘, 이 복음 말씀을 듣는 우리는 기쁨으로 가득 찹니다.

사랑하는 여러분, 우리는 우리가 원하기도 전에 그 생명을 받았습니다. 프란치스코 교황님께서 가르치신 것처럼, "모든 사람은 누군가의 자녀이지만 아무도 태어나기를 택하지는 않았습니다. 하지만 하느님께서는 우리를 위해 태어나기를 택하셨습니다. 하느님께서 선택하신"[28] 것입니다. 그뿐만이 아닙니다. 우리는 태어날 때부터 다른 사람이 있어야 살 수 있었습니다. 혼자만의 힘으로는 해내지 못했을 겁니다. 우리의 육신과 영혼을 돌보며 우리를 구하는 것은 다른 누군가입니다. 그러므로 우리는 모두 관계 덕분에, 다시 말해 인간다움과 상호 돌봄이 만들어 내는 자유롭고 해방적인 유대 덕분에 살아갑니다.

이러한 인간다움이 때때로 배신당하는 것도 사실입니다. 예를 들면 자유를 요청할 때 그 자유가 생명을 주기 위해서가 아니라 생명을 거두기 위해서, 돕기 위해서가 아니라 위해를 가하기 위해서 내세워질 때가 그렇습니다. 하지만 우리를 반대하고 생명을 앗아 가는 악에 직면해서도 예수님께서는 계속해서 우리를 위해 아버지께 기도하시고, 그분의 기도는 우리 상처에 진통제처럼 작용하며 모든 이에게 용서와 화해의 선포가 됩니다. 이 같은 주님의 기도는 부모, 조부모, 아들과 딸로서 우리가 서로 사랑하는 빛나는 순간에 충만한 의미를 부여합니다. 바로 이것이 우리가 세상에 선포하고자 하는 것입니다. 우리는 주님께서 우리가 "하나" 되기를 원하시는 것처럼 우리의 가정 안에서, 우리가 살고 일하며 공부하는 곳에서 "하나"가 되기 위해 이 자리에 와 있습니다. 비록 서로 다르지만 하나가 되고, 비록 여럿이지만 하나가 되기 위해서입니다. 모든 상황에서, 모든 연령대에서 항상 그래야 합니다.

사랑하는 여러분, 우리가 "알파이며 오메가이고 처음이며 마지막이고 시작이며 마침이신"(묵시 22,13 참조) 그리스도를 바탕으로 서로 사랑한다면, 우리는 사회와 세상에서 모든 이에게 평화의 표징이 될 것입니다. 인류의 미래가 가정에서 태어난다는 것을 잊지 맙시다.

최근 수십 년 동안 우리는 기쁨을 주는 동시에 성찰하게 만드는 표징을 받았습니다. 배우자와 함께 복자와 성인으로 선포된 결혼한 부부들의 경우를 말씀드리는 겁니다. 아기 예수의 데레사 성녀의 부모인 루이와 젤리 마르탱을 생각합니다. 마찬가지로 지난 세기 로마에서 가정생활을 꾸려 나간 루이지 복자와 마리아 벨트라메 콰트로키 복녀를 떠올립니다. 그리고 폴란드의 울마 가정도 잊지 맙시다. 부모와 아이들이 사랑과 순교로 하나 된 경우입니다. 우리를 생각하게 만드는 표징이라고 말씀드렸습니다. 그렇습니다. 교회는 이들을 부부의 모범적인 증인으로 명시함으로써 오늘날 세상이 하느님의 사랑을 알고 받아들이며, 하나가 되게 하고 화해하게 만드는 힘으로 관계와 사회를 분열시키는 힘을 무찌르기 위해서는 혼인 계약이 필요하다고 강조합니다.

이런 까닭에, 감사와 희망이 가득한 마음으로 부부 여러분에게 말씀드립니다. 혼인은 이념이 아니라 남자와 여자 사이의 참사랑의 규범입니다. 참된 사랑이란 전적이고, 충실하고, 결실이 충만한 사랑[29]입니다. 이 사랑은 여러분을 하나의 몸으로 변화시키고, 하느님의 모상에 따라 여러분에게 생명을 줄 수 있게 해 줍니다.

그러므로 저는 여러분이 자녀에게 일관성의 모범이 되어 주고, 자녀들에게 바라는 대로 여러분이 몸소 행동하며, 순종을 통해 자유를 배우도록 교육하기를 바랍니다. 항상 자녀에게서 장점을 찾고, 이를 자라게 할 방법을 찾도록 격려합니다.

그리고 자녀 여러분, 부모님께 감사하십시오. 생명이라는 선물에 대해, 매일 우리에게 주어진 모든 것에 대해 "감사합니다."라고 말하는 것이 아버지와 어머니를 공경하는 첫 번째 방법입니다(탈출 20,12 참조). 끝으로 사랑하는 조부모와 노인 여러분, 세월이 가르쳐 주는 지혜와 연민으로, 겸손과 인내로 여러분이 사랑하는 이들을 깨어 지킬 것을 당부합니다.

가정에서 신앙은 세대를 통해 삶과 함께 전해집니다. 식탁에 차려진 음식이나 마음속 애정처럼 함께 나눠집니다. 이처럼 가정은 우리를 사랑하시고 항상 우리의 선익을 원하시는 예수님을 만나는 특별한 장소입니다.

마지막으로 한 가지 사항을 덧붙이고 싶습니다. 하느님 아드님의 기도는 여정을 따라 우리에게 희망을 부어 주고, 언젠가 우리 모두 하나uno unum가 되리라는 것을 일깨워 줍니다.[30] 하느님의 영원한 사랑에 안긴 유일한 구세주 안에 하나 되는 것입니다. 우리뿐만 아니라 우리보다 앞서 주님의 영원한 파스카의 빛 안에 든 아버지와 어머니, 할아버지와 할머니, 형제와 자매, 자녀도 이 축제의 순간에 우리와 함께 이곳에 있음을 느낍니다.

"혼인은 이념이 아니라 남자와 여자 사이에 참사랑의 규범입니다."

가정, 어린이, 조부모, 노인의 희년에 참석한 이들에게 교황님은 가정의 시작인 혼인에 대한 개념을 분명하게 제시하셨다. 이는 혼인의 현대적 개념에 대한 전통적 입장을 우리에게 되새겨 주시는 것이기도 하다.

교황님은 성가정을 이룬 성인 부부들, 아기 예수의 데레사 성녀의 부모인 루이와 젤리 마르탱, 루이지 복자와 마리아 벨트라메 콰트로키 복녀, 폴란드의 울마 가정을 열거하시면서 세상에서 가정을 이루고 사는 이들 역시 성덕에 도달할 수 있으며 이것이 현대 가정에 필요한 부분임을 상기시키셨다. 그리고 교황님은 가정을 통해 신앙이 전달되고 화목한 가정 안에서 그리스도의 사랑을 배우게 된다는 점을 강조하셨다.

14

강생과 보편성

국무원과의 만남에서 행한 연설
2025년 6월 5일 목요일

존경하는 파롤린 추기경님, 사랑하는 형제 주교님들과 형제 사제들, 그리고 사랑하는 형제자매 여러분! 무엇보다 먼저 국무원 총리 추기경님께서 해 주신 인사 말씀에 감사드리며, 제가 교황직을 수행하며 발걸음을 처음 내딛는 시기에 지속적으로 저에게 협력해 주심에 감사드립니다.

저는 저에게 맡겨진 사명을 수행하는 데 있어 교회의 삶에 귀중한 봉사를 제공하고 저를 도와주시는 여러분과 만나게 되어 매우 기쁩니다. 실제로 〈복음을 선포하여라〉가 확인하는 것처럼,

국무원은 교황의 비서실로서 국무원 총리의 지휘를 받고, 최고 사명을 수행하는 로마 교황을 가까이에서 보좌합니다.[31]

제가 혼자가 아니라는 것, 여러분과 함께 제 보편적 직무의 책임을 나누어 질 수 있다는 것으로 저는 위로받습니다.

[준비된] 원고에는 없지만 진심을 다해 말씀드립니다. 베드로 직무를 수행한 지 한 달이 채 되지 않는 짧은 몇 주 동안, 교황은 혼자서 어떤 일도 진행해 나갈 수 없다는 사실을 분명히 깨달았습니다. 성좌의 많은 이들의 협력, 특히 국무원에 계신 모든 이와의 협력을 고려할 줄 아는 것이 매우 중요합니다. 여러분에게 진심으로 감사드립니다!

이 기구의 역사는 우리가 아는 것처럼 15세기 말까지 올라갑니다. 시간이 지나면서 이 기구는 점차 보편적인 모습을 갖추며 분명히 확장되었고, 교회 내부만이 아니라 국가 및 국제기구와의 관계에서 발생하는 요구에 대응하기 위해 추가적인 업무들을 맡게 되었습니다. 현재 여러분 중 거의 절반은 평신도 신자입니다. 여성은 평신도와 수도자를 모두 합쳐 50명을 넘습니다.

이 같은 변화는 오늘날 국무원이 교회 자체의 모습을 반영하고 있음을 의미합니다. 국무원은 교황과 함께 일하는 큰 공동체입니다. 우리는 전 세계에 있는 하느님 백성의 질문, 어려움, 도전, 희망을 함께 나누고 있습니다. 우리는 이를 두 가지 차원에서 항상 표현하고 있습니다. 하나는 강생이라는 차원이고, 다른 하나는 보편성이라는 차원입니다.

우리는 시간과 역사 안에 육으로서 살고 있습니다. 만일 하느님께서 인간의 길을 선택하시고 인간의 언어를 취하셨다면, 복음의 기쁨이 모두에게 도달하고 현재의 문화와 언어로 전달되기 위해 교회 역시 이 길을 따르도록 소명되었기 때문입니다. 이와 동시에 우리는 항상 보편적이며 가톨릭적인 시선을 유지하려고 노력합니다. 이는 우리가 다양한 문화와 감성에 가치를 부여하도록 합니다. 이렇게 우리는 로마 교회와 지역 교회와의 친교를 맺는 데 중심적 추진체가 될 뿐만 아니라, 국제 공동체와 우호적 관계를 맺는 데에 있어서도 중심적 추진체가 될 수 있습니다.

최근 수십 년간, 시간 속에서 강생하는 것과 보편적인 시선을 지니는 것이라는 두 차원은 교황청의 업무에서 점점 더 필수적인 구성 요소로 자리 잡았습니다.

우리는 바오로 6세 성인 교황님이 추진하셨던 로마 교황청 개혁 방향에 맞추어 이 길을 따랐습니다. 바오로 6세 성인 교황님은 제2차 바티칸 공의회의 전망에 인도되시면서 교회는 "오늘날 삶의 속도"와 "우리 시대의 변화된 조건"을 고려하면서 역사의 도전들에 주의를 기울여야 한다는 긴박한 요청을 강하게 느끼셨습니다.[32]

동시에 그분은 교회의 보편성을 표현하는 봉사의 필요성을 강조하며, 이를 추구하기 위해 "사도좌에서 교회를 통치하기 위해 있는 이들은 세계 모든 지역에서 부름을 받아야 한다."라고 규정하셨습니다.[33]

그러므로 강생은[강생이라는 관점은] 교황청의 여러 부서들이 다루는 특정한 주제들과 개별적 주제들, 그리고 구체적 실재들로 우리를 이끌어 줍니다. 반면 보편성은 교회의 다양한 형태의 일치라는 신비를 소환하며, 교황의 활동을 도와줄 수 있는 종합적 작업을 요구합니다.

바로 이런 연결과 종합이라는 고리 역할을 하는 곳이 국무원입니다. 실제로, 로마 교황청에 대한 출중한 전문가였던 바오로 6세 교황님은 새로운 성격을 지닌 부서를 창설하시기를 원하셨습니다. 그리하여 교황님은 교황청 내 연결점으로서 다양한 교황청 부서와 사도좌의 다양한 기구의 [업무] 조정을 맡는 근본적 역할의 부서를 원하셨고, 바로 그 부서를 확립하셨습니다.

국무원의 이러한 조정 역할은 최근 교황령 〈복음을 선포하여라〉에서 국무부의 여러 업무 중 하나로 재확인되었습니다. 국무부는 국무 장관이 국무 차관의 보좌를 받으면서 지휘합니다.[34]

동일한 교황령은 국무부와 함께 외무부의 성격을 규정하고 있습니다. 역사의 이 민감한 시기에 외무부는 외무 장관이 차관 두

명의 보좌를 받으면서 지휘합니다. 외무부는 사도좌와 국가들 및 국제법상 다른 주체들과의 외교적·정치적 관계 업무를 담당합니다. 외교인사부는 외교인사 장관이 외교인사 차관의 보좌를 받으면서 지휘하며, 로마와 전 세계의 외교단 구성원과 교황청 외교관에 대한 업무를 담당합니다.

저는 이 업무들이 매우 힘들고, 때로는 잘 이해받지 못할 수 있다는 것을 알고 있습니다. 그래서 여러분 곁에 제가 있다는 점을 말씀드리며, 깊은 감사의 마음을 전합니다. 교회를 위해 바치는 역량과 보이지 않는 곳에서 일하는 여러분의 노고, 여러분의 업무를 인도하는 복음 정신에 감사드립니다.

이러한 마음으로 저는 다시 한번 바오로 6세 성인 교황님의 권고를 여러분에게 전하고자 합니다. "이 장소가 야망이나 대립으로 오염되지 않도록 하십시오. 오히려 여러분은 교회의 선익을 위하여 기꺼이 헌신하는 '교황의 형제들이요 자식들'로서 신앙과 사랑의 진정한 공동체를 이루십시오."[35]

저는 교회의 어머니이신 복되신 동정 마리아의 전구에 여러분 모두를 맡깁니다. 여러분이 매일 저를 위해 기도한다는 것을 알고 있기에(저는 이것을 희망합니다) 여러분에게 감사드립니다. 여러분 한 명 한 명과 여러분의 가족, 그리고 일을 축복합니다. 감사합니다!

"여러분은 교회의 선익을 위하여 기꺼이 헌신하는 '교황의 형제들이요 자식들'로서 신앙과 사랑의 진정한 공동체를 이루십시오."

교황청 국무원은 교황의 최측근에서 교황을 보필하는 비서실이다. 교회와 국제 사회의 사안들을 종합하여 교황에게 보고하는 기구로서 국무원은 매우 중요한 업무를 수행한다.

교황님은 연설 서두에 베드로 직무 수행에 있어 국무원의 도움이 절실히 필요하며 당신 곁에서 협조하는 국무원의 구성원들에게 감사의 인사를 전하셨다. 교회법적인 여러 임무를 열거하며 각 분야 담당자들을 격려하시는 동시에 바오로 6세 교황님의 말씀을 인용하시면서 야망이나 세속적 욕심에 사로잡히지 않고 교회를 위해 헌신하며 신앙과 사랑의 공동체를 이루라고 권고하셨다.

15

조화로운 우리 발걸음

성령 강림 대축일 전야에 하신 강론
2025년 6월 7일 토요일

사랑하는 형제자매 여러분! 우리가 기도하고 노래한 '오소서 성령이여 창조주시여'는 예수님 위에 내리신 그 성령이시며, 예수님 사명의 조용한 주인공이십니다. "주님의 영이 내 위에 내리셨다."(루카 4,18) 우리의 정신을 비추어 주시고, 수많은 언어를 하게 하시며, 감각을 불살라 주시고 사랑을 부어 주시고, 육신에 힘을 주시고 평화를 주시도록 간구하면서 우리는 하느님의 나라를 향해 열렸습니다. 이것이 바로 복음에 따른 회개입니다. 다시 말해, 이미 가까이에 온 하느님 나라를 향해 돌아서는 것이 복음에 따른 회개인 것입니다.

우리는 예수님 안에서 모든 것이 변모되는 것을 보고 듣습니다. 하느님께서 통치하시며 우리 가까이 계시기 때문입니다. 성령 강림 대축일 전야에 우리는 가까이 계시는 하느님, 곧 우리의 역사를 예수님의 역사와 결합시키는 그분의 성령으로 깊이 감싸여 있습니다. 다시 말해 우리는 하느님 생명의 의지가 죽음의 의지를 꺾고 실현되도록 하느님께서 이루시는 새로움 속에 휘감겨 있는 것입니다.

"주님께서 나에게 기름을 부어 주시니 주님의 영이 내 위에 내리셨다. 주님께서 나를 보내시어 가난한 이들에게 기쁜 소식을 전하고 잡혀간 이들에게 해방을 선포하며 눈먼 이들을 다시 보게 하고 억압받는 이들을 해방시켜 내보내며 주님의 은혜로운 해를 선포하게 하셨다."(루카 4,18-19) 여기서 우리는 우리 이마에 새겨진 성유의 향기를 맡습니다.

사랑하는 형제자매 여러분, 세례성사와 견진성사는 예수님의 변화시키는 사명과 하느님의 나라에 우리를 결합시킵니다. 사랑이 사랑하는 사람의 향기를 우리와 친숙하게 만드는 것처럼, 그렇게 오늘 저녁 우리는 다른 사람 안에서 그리스도의 향기를 알아차립니다. 이는 우리를 놀라게 하고 생각하게 만드는 신비입니다.

성령 강림날 성모 마리아, 사도들, 그들과 함께 있던 남녀 제자들은 한 분이신 일치의 성령에 휩싸였습니다. 이 일치의 성령께서는 항상 유일하신 주 예수 그리스도 안에서 그들의 다양성이 뿌리내리도록 했습니다. 여러 사명이 있는 것이 아니라 유일한 사명이 있는 것입니다.

그들은 폐쇄적이지도, 다투지도 않았습니다. 오히려 개방적이고 빛을 반사했습니다. 두 팔을 벌리고 포용하는 팔처럼, 성 베드로 광장은 제2차 바티칸 공의회의 열매들을 대표하는 다양한 단체와 공동체 안에서 여러분 각자가 경험한 교회의 친교를 훌륭하게 드러내고 있습니다.

제가 선출되던 날 저녁, 저는 여기 모인 하느님 백성을 감동의 눈으로 바라보면서 '시노달리타스synodalitas'라는 단어를 떠올렸습니다. 이 단어는 성령께서 교회를 형성하시는 방법을 잘 표현합니다. 이 단어에 담긴 '함께syn'라는 의미는 하느님 생명의 비밀을 구성하는 것입니다. 하느님께서는 동떨어져 계신 분이 아닙니다. 하느님께서는 자신 안에 성부와 성자와 성령으로서 '함께' 존재하는 분입니다. 하느님께서는 우리와 함께 계십니다.

동시에 시노달리타스라는 단어에는 '길odós'이라는 뜻이 포함되어 있습니다. 성령이 계신 곳에 움직임이 있고 길[발걸음]이 있기 때문입니다. 우리는 걸어가는 백성입니다. 이에 대한 깊은 인식은 우리를 인류와 멀어지도록 만들지 않으며, 밀가루 반죽 전체를 발효시키는 누룩처럼 인류 속으로 잠기게 합니다. 희년이 표현하는 것처럼 주님의 은총의 해는 그 자체로 발효의 힘을 지니고 있습니다.

성령께서는 평화 없이 갈기갈기 찢긴 이 세상에서 우리가 함께 걸어가도록 가르쳐 주십니다. 우리가 만일 더 이상 약탈자처럼 행동하지 않고 순례자처럼 행동한다면, 땅은 휴식을 취하고 정의가 인정되며, 가난한 이들이 기뻐하고 평화가 되돌아올 것입니다. 우리는 더 이상 자기 자신만이 아니라 다른 이의 발걸음에 발걸음을 맞추면서 순례의 길을 걸어야 합니다. 회칙 〈찬미받으소서〉가 우리에게 가르치는 것처럼, 우리는 무분별하게 세계를 소모해서는 안 되며, 오히려 가꾸고 지켜 나가야 합니다.

사랑하는 형제자매 여러분, 하느님께서는 우리가 함께 있도록 세계를 창조하셨습니다. 시노달리타스란 이러한 인식의 교회적 이름입니다. 이는 전체 안에 한 부분임을 느끼면서 고유한 책무와 보화를 각자가 인정하도록 요구하는 길입니다. 전체 안에서가 아니라 밖에서는 그 어떤 은사의 뿌리도 시들게 됩니다. 자, 보십시오. 모든 창조물은 함께 존재하는 방식으로만 존재합니다. 때로는 위험하지만, 그럼에도 함께 존재하는 것입니다.[36]

우리가 '역사'라고 부르는 것은 종종 불일치로 가득 차기도 하지만 함께 모이는 방식, 함께 사는 방식으로만 그 형태를 취합니다. 이와 반대되는 길은 결국 죽음으로 이어집니다. 불행하게도 매일 우리 눈앞에서 이러한 일이 벌어지고 있습니다. 그러므로 여러분의 단체와 공동체는 만남의 장소로서만이 아니라 영성의 장소로서 형제애와 참여의 훈련장이 되어야 합니다. 예수님의 성령은 세상을 변화시키십니다. 우리의 마음을 변화시키시기 때문입니다.

성령께서는 자기주장과 험담, 다툼의 정신, 양심과 자원의 지배를 거부하는 삶의 관상적 차원에 영감을 부여하십니다. 주님께서는 영이십니다. 그리고 주님의 영이 계신 곳에는 자유가 있습니다(2코린 3,17 참조). 그러므로 참된 영성은 우리 가운데 예수님의 말씀을 실행하면서 통합적 인간 발전을 위해 노력합니다. 이것이 이루어지는 곳, 바로 그곳에 기쁨이 있습니다. 기쁨과 평화가 있습니다.

사랑하는 형제자매 여러분, 복음화는 세상에 대한 인간적 정복이 아닙니다. 이것은 하느님 나라 덕분에 변화된 인생에서 흘러나오는 무한한 은총입니다. 복음화는 참행복의 길이며 함께 걷는 길이고 이미 도래하였지만 아직 실현되지 못한 긴장 속에서 의로움에 주리고 목마른 사람들, 마음이 가난한 사람들, 자비로운 사람들, 온유한 사람들, 마음이 깨끗한 사람들, 평화를 이루는 사람들이 함께 걸어가는 길입니다. 예수님께서 선택하신 길을 따르기 위해 강력한 후원자들, 세속에 물든 사람들, 감성적 전략은 필요하지 않습니다.

복음화는 하느님의 사업이고, 만일 가끔 우리 인간을 통해서 이루어진다면 그것은 우리를 연결시켜 주는 끈들 때문입니다. 그러므로 여러분은 개별 교회들과 본당 공동체 하나하나와 깊이 연결되어야 합니다. 거기에서 여러분의 은사를 공급하고 확장하십시오. 여러분의 주교들 곁에서, 그리스도의 몸의 다른 구성원들과 함께 힘을 모아 아름답게 조화를 이루면서 활동하기로 합시다.

만일 우리가 함께 성령께 순명한다면 현재 인류 앞에 펼쳐진 도전들은 덜 위협적으로 느껴질 것이며, 미래는 덜 어두울 것이고 식별 또한 덜 어려울 것입니다.

사도들의 모후이시며 교회의 어머니이신 마리아여, 저희를 위해 빌어 주소서.

"복음화: 세상에 대한 인간적 정복이 아닌 참행복의 길."

성령 강림 대축일 전야에 성 베드로 광장에는 교회 내의 수많은 활동 단체가 모였다. 이 자리에서 교황님은 일치라는 성령의 선물을 설명하시면서 시노달리타스 정신을 강조하셨다. 이는 특정 단체만이 우월하고 다른 단체는 덜 중요하다는 생각을 경계하고, 같은 단체 내에서의 갈등 또한 시노달리타스 정신을 잘 살아갈 때 해결될 수 있음을 상기시키신 것으로 보인다.

그리고 교회의 다양한 활동 단체들은 교회의 선교 사명에 참여하는 공동체이며, 교황님은 이들이 세상의 복음화에서 가져야 할 태도를 지적하셨다. 세상에 대한 정복은 복음화가 아니라는 것이다. 복음화는 하느님 나라 때문에 변화된 인생에서 흘러나오는 무한한 은총이자 참행복의 길이며 함께 걷는 길이다. 이미 도래했지만 아직 실현되지 못한 긴장 속에서 의로움에 주리고 목마른 사람들, 마음이 가난한 사람들, 자비로운 사람들, 온유한 사람들, 마음이 깨끗한 사람들, 평화를 이루는 사람들이 함께 걸어가는 길인 것이다.

16

경계를 열어 주시는 성령

> 성령 강림 대축일 미사 강론
> – 교회 운동 단체들, 자선 단체들, 신설 공동체들의 희년
> 2025년 6월 8일 일요일

형제자매 여러분. "부활하신 후 하늘로 오르시어 영광을 받으신 주 예수 그리스도께서 성령을 보내 주신 기쁜 날이 우리에게 밝아 왔습니다."[37] 그리고 다락방에서 일어났던 그 일이 오늘도 되살아납니다. 성령의 은사가 우리를 뒤흔드는 거센 바람으로, 우리를 깨우는 우렁찬 소리로, 우리를 밝혀 주는 불꽃으로 우리에게 내려오시는 것입니다(사도 2,1-11 참조).

제1독서에서 들었듯이, 성령께서는 사도들의 삶에 놀라운 일을 이루십니다. 그들은 예수님의 죽음 이후 두려움과 슬픔에 잠

겨 문을 걸어 잠그고 있었지만, 마침내 일어난 사건들을 깨닫고 부활하신 주님의 현존을 깊이 체험하게 하는 새로운 눈과 마음의 지혜를 받았습니다. 성령께서는 그들의 두려움을 몰아내시고 마음의 족쇄를 끊어 주시며 상처를 아물게 하시고, 기름을 붓듯 그들에게 힘을 부어 주십니다. 나아가 하느님의 위대한 일들을 선포할 용기를 모든 이에게 주십니다.

사도행전을 보면, 그 당시 예루살렘에는 온 세상 각지에서 온 사람들이 몰려 있었지만 "저마다 자기 지방 말로 듣게 되었다."(사도 2,6 참조)라고 합니다. 그러니 오순절에 '다락방의 문들이 활짝 열리는' 것입니다. '성령께서 경계들을 열어젖히시기' 때문입니다. 이는 베네딕토 16세 교황님이 말씀하신 바와 같습니다.

"성령께서는 깨달음을 주십니다. 바벨탑에서 시작된 분열, 곧 서로를 원수로 만드는 마음의 혼란을 굴복시키고 경계들을 허무십니다. …… 교회는 언제나 본래의 모습으로 다시금 돌아가야 합니다. 곧 민족들 사이의 국경을 열고 계층과 인종 사이의 장벽을 허물어야 합니다. 교회 안에서는 그 누구도 버림받거나 멸시당할 수 없습니다. 교회 안에는 오직 예수 그리스도의 자유로운 형제자매들만이 있을 뿐입니다."[38]

바로 이것이 성령 강림 대축일의 중요한 이미지입니다. 이에 대해 여러분과 함께 잠시 묵상해 보고자 합니다.

'성령께서는 무엇보다 먼저 우리 안의 경계들을 열어 주십니다.' 이는 우리의 삶을 사랑의 넓은 들판으로 활짝 열어젖혀 주시는 하늘의 선물입니다. 이러한 주님의 따스한 현존은 우리의 완고한 고집과 움츠린 마음, 이기적인 마음, 우리를 짓누르는 두려움, 오직 자기 자신만을 위해 도는 자기 사랑의 덫을 차례로 녹여 흘려보내십니다. 성령께서는 우리 안에서 홀로 살려 하다가 메말라 가는 삶의 위험에 맞서서 오십니다. 사람들과 어울릴 길이 그 어느 때보다 넓어진 이 세상에서, 아이러니하게도 더욱 깊은 외로움에 빠지고, 늘 무언가와 이어져 있으면서도 "마음과 마음이 통하는" 진짜 만남은 잃어버리고, 늘 사람들로 북적이는 곳에 있으면서도 어디로 가야 할지 모르는 홀로된 나그네가 되어 가는 위험 말입니다. 우리의 이러한 모습을 지켜보는 것은 참으로 가슴 아픈 일입니다.

그러나 하느님의 성령께서는 우리가 삶을 바라보고 걸어가는 전혀 다른 새 길을 찾아내게 하십니다. 우리가 세상 앞에서 쓰고 다니는 온갖 가면들 뒤편에서 진정한 나 자신과 마주하도록 눈을 뜨게 해 주십니다. 주님과의 깊은 만남 속으로 우리를 이끌어 주시고 당신의 기쁨이 무엇인지 온몸으로 느끼도록 가르쳐 주십니다. 예수님께서 방금 전 말씀해 주신 바와 같이, 우리가 사랑 안에 뿌리내리고 머물러 있을 때에만 그분의 말씀을 지키며 그 말씀의 능력으로 새 사람이 될 수 있다는 깊은 확신을 심어 주십니다. 우리의 삶터가 찾아오는 이들을 따뜻하게 맞아들이는 포근한 쉼터가 되도록 우리 마음의 모든 장벽들을 활짝 열어젖혀 주십니다.

더 나아가 '성령께서는 우리가 다른 이들과 맺는 관계에서도 그 장벽들을 허물어 주십니다.' 사실 예수님께서는 이 은사가 우리 안에 거처를 마련하러 오시는 아버지와 아들의 사랑 자체라고 말씀하십니다. 그리고 하느님의 사랑이 우리 가운데 자리를 잡고 머무실 때, 우리는 형제자매들에게 마음의 문을 활짝 열고 고집스러운 태도를 내려놓으며, 우리와 다른 이들에 대한 두려움을 이겨 내고 우리 안에서 일렁이는 온갖 감정들을 올바른 길로 이끌어 갈 수 있게 됩니다. 하지만 성령께서는 오해와 편견, 이용하려는 마음처럼 우리의 관계를 병들게 하는 가장 깊숙이 숨은 독까지도 깨끗하게 씻어 내십니다. 저는 무척 가슴 아프게도 다른 사람을 자기 뜻대로 휘두르려는 욕망, 그리고 안타깝게도 끊이지 않는 여성 살해 사건들이 적나라하게 보여 주듯 너무나 자주 폭력으로 치닫는 마음가짐 때문에 관계가 망가져 버리는 일까지도 생각하게 됩니다.

한편 성령께서는 참되고 아름다운 관계를 살아 내도록 도와주는 열매들이 우리 안에서 익어 가게 하십니다. "성령의 열매는 사랑, 기쁨, 평화, 인내, 호의, 선의, 성실, 온유, 절제입니다."(갈라 5,22-23) 이렇게 성령께서는 우리가 다른 이와 나누는 관계의 울타리를 넓혀 주시고 형제애의 기쁨 속으로 우리를 이끄십니다. 이는 교회를 판단하는 가장 중요한 잣대이기도 합니다. 우리 사이를 가로막는 장벽도 갈라놓는 틈도 없이, 교회 안에서 저마다 다른 모습들을 아름답게 하나로 엮어 내며 서로 마음을 나누고 받아들일 줄 알 때, 교회가 찾아오는 모든 이를 따뜻하게 품어 주는 포근한 집이 될 때, 그때에야 비로소 우리는 참으로 부활하신 주님의 교회가 되고 오순절의 제자들이 됩니다.

마지막으로 '성령께서는 민족들 사이의 국경도 활짝 열어젖혀 주십니다.' 오순절에 사도들은 온 세상 곳곳에서 몰려온 이들의 말로 이야기했고, 바벨탑에서 시작된 그 혼란이 마침내 성령께서 일으켜 주신 아름다운 화합 속에서 가라앉았습니다. 성령의 거룩한 숨결이 우리의 마음을 하나로 모아 주시고 다른 사람에게서 형제자매의 얼굴을 알아보게 하실 때, 서로 다른 점은 더 이상 갈라서고 싸우는 까닭이 아니라 우리 모두 함께 길어 올릴 수 있는 소중한 보물이 되어, 우리가 형제애의 길을 나란히 걷게 만듭니다.

성령께서는 경계들을 허물어뜨리시고 무관심과 미움의 높은 장벽들을 무너뜨리십니다. 성령께서 "모든 것을 가르치시고",

"예수님께서 말한 모든 것을 기억하게 해 주실 것"이기 때문입니다(요한 14,26 참조). 그러므로 성령께서는 무엇보다 먼저 가르치고 되새기게 해 주시며, 주님께서 모든 가르침의 한복판이자 가장 높은 자리에 두신 사랑의 계명을 우리 마음 깊이 새겨 주십니다. 사랑이 자리한 곳에는 편견이 발붙일 곳이 없고, 우리를 이웃에게서 멀어지게 만드는 안전거리도 있을 수 없으며, 안타깝게도 정치적 민족주의에서까지 나타나는, 남을 밀어내는 논리가 들어설 자리도 없습니다.

성령 강림 대축일 미사를 봉헌하시면서 프란치스코 교황님은 이렇게 말씀하셨습니다. "오늘날 이 세상에는 불화와 분열이 너무도 많습니다. 우리는 서로 이어져 있지만, 그와 동시에 무관심으로 감각을 잃고 외로움에 짓눌리는 바람에 서로 동떨어져 있기도 합니다."[39] 그리고 우리가 사는 이 땅을 뒤흔드는 전쟁들이야말로 이 모든 것을 적나라하게 보여 주는 비극적인 표징입니다. 사랑과 평화의 성령께 간절히 청합시다. 경계들을 열어 주시고, 장벽들을 허물어 주시며, 미움을 거둬 주시고, 우리가 하늘에 계신 한 분이신 아버지의 자녀답게 살아갈 수 있도록 도와주소서.

형제자매 여러분, 성령 강림 대축일이야말로 교회를 새롭게 하고 세상을 새롭게 하는 날입니다! 성령의 힘찬 바람이 우리 위에, 우리 안에 불어와 마음의 모든 장벽을 허물어 주시고, 하느님을 만나는 은총을 내려 주시며, 사랑의 지평을 한없이 넓혀 주시기를, 평화가 다스리는 세상을 일구어 가려는 우리의 손길을 든든히 받쳐 주시기를 빕니다.

오순절의 여인이시자 성령의 방문을 받으신 동정녀이시고, 은총이 가득하신 어머니이시며 지극히 거룩하신 성모님, 저희와 함께 걸어 주시고 저희를 위해 빌어 주소서.

"성령께서는 무엇보다 먼저 우리 안의 경계들을 열어 주십니다."

교황님은 성령이 주시는 선물로서 인간 사회의 다양한 장벽들을 허물어 주신다는 점을 강조하신다. 그리하여 인간의 고집과 움츠린 마음, 이기적인 마음, 두려움을 녹여 주시고 서로를 가로막는 경계들을 허무신다는 것이다.

경계를 허무시는 성령의 선물은 하느님과의 만남으로 인간을 인도하여 새롭게 태어나도록 도와준다. 우리 안에서 활동하시는 성령께서 당신의 열매를 맺기 때문인데, 그 열매란 사랑, 기쁨, 평화, 인내, 호의, 선의, 성실, 온유, 절제와 같은 것이다.

이렇게 변화된 인간은 타인과의 관계에 있어서도 새로운 관계를 형성하게 된다. 인간관계를 건강하지 않게 만드는 오해와 편견, 상대를 이용하려는 마음을 말끔히 씻어 주신다. 이런 새로운 관계 형성은 단순히 개인 사이의 관계를 넘어서 민족들, 국가들 사이의 장벽도 허물어 서로 화해하고 상생할 수 있도록 활력을 불어넣어 주신다.

17

성령 안에서 항상 풍요로운 하나의 교회

> 성좌의 희년을 기념하는 미사 강론
> 2025년 6월 9일 월요일

사랑하는 형제자매 여러분, 오늘 우리는 교회의 어머니 복되신 동정 마리아 기념일에 성좌의 희년 행사를 지내는 기쁨과 은총을 누리고 있습니다. 이처럼 뜻깊은 날들이 겹친 것은 성령께서 주시는 빛과 내적 영감의 원천이 됩니다. 어제 성령 강림 대축일에 하느님의 백성은 성령을 풍성하게 받았습니다. 이러한 영적 기운 속에서 우리는 오늘 특별한 하루를 맞이했습니다. 오전에는 바오로 6세 홀에서 성좌 희년에 관한 묵상을 들었고, 이제 이 자리에서 말씀과 성찬의 식탁 앞에 모였습니다.

오늘 전례의 하느님 말씀은 성령께서 영감으로 기록하신 두 성경 장면을 통해 교회의 신비와 교회 안에서 성좌가 지니는 의미를 깨우쳐 줍니다. 사도행전(1,12-14)과 요한 복음(19,25-34)이 바로 그 장면들입니다.

먼저 예수님의 죽음을 그린 근본적인 이야기부터 살펴봅시다. 요한은 열두 제자 중 유일하게 골고타에서의 주님 수난에 함께했습니다. 그는 십자가 곁에 다른 여인들과 함께 서 계신 예수님의 어머니를 직접 보았고 이를 증언했습니다(요한 19,25 참조). 또한 스승님의 마지막 말씀을 자신의 귀로 들었습니다. 그 말씀 중에는 이런 것이 있었습니다. "여인이시여, 이 사람이 어머니의 아들입니다!" 이어서 그 제자에게는 "이분이 네 어머니시다!" 하고 말씀하셨습니다(요한 19,26-27 참조).

십자가의 신비를 통해 마리아의 모성은 상상할 수 없는 변화를 맞았습니다. 예수님의 어머니께서 새 하와가 되신 것입니다. 성자께서 당신의 구원을 향한 죽음에 성모님을 함께 참여시키셨기 때문입니다. 그 죽음은 이 세상에 태어나는 모든 사람에게 새롭고 영원한 생명의 샘이 됩니다. 오늘 본기도는 '풍요로움'이라는 주제를 잘 드러냅니다. 본기도에서 우리는 자비로우신 아버지께 그리스도의 사랑으로 유지되는 교회가 "성령 안에서 나날이 풍요로워지게" 해 달라고 청했습니다.

교회의 풍요로움은 곧 마리아의 풍요로움입니다. 교회 구성원들이 성모님께서 사셨던 삶, 곧 예수님의 사랑에 따라 사랑하는 삶을 각자 나름대로 되살릴 때 그 풍요로움이 실현됩니다. 교회와 성좌의 모든 풍요로움은 그리스도의 십자가에 달려 있습니다. 그렇지 않으면 교회는 겉모습에 지나지 않고, 더 나쁜 상태가 됩니다. 위대한 현대 신학자 한 사람은 이렇게 썼습니다. "교회가 십자가라는 작은 겨자씨에서 자라난 나무라면, 이 나무는 다시 겨자씨를 맺어야 합니다. 따라서 그 열매들도 십자가의 모양을 닮게 됩니다. 십자가 덕분에 그 열매들이 존재하기 때문입니다."[40]

본기도에서 우리는 또한 교회가 "자녀들의 성덕으로 기뻐하게" 해 달라고 청했습니다. 실제로 마리아와 교회의 풍요로움은 거룩함, 곧 그리스도와 하나 되는 것과 떼어 낼 수 없이 연결되어 있습니다. 성좌는 근원적 핵심에서나 본질적 구조에서나 교회가 거룩한 것처럼 거룩합니다. 이처럼 사도좌는 그 뿌리의 거룩함을 지키는 동시에 거룩함의 보호를 받습니다. 하지만 성좌는 또한 구성원 각자의 거룩함 속에서도 살아갑니다. 그러므로 성좌를 섬기는 가장 좋은 길은 우리 각자가 자신의 신분과 맡은 사명에 따라 성인이 되려고 애쓰는 것입니다.

예를 들어 봅시다. 어떤 사제가 자신의 직무 때문에 개인적으로 무거운 십자가를 지고 있지만, 매일 사무실에 나가서 사랑과 믿음으로 자신의 일에 최선을 다한다면, 이 사제는 교회의 풍요로움에 참여하고 이바지하는 것입니다. 마찬가지로 집에서 어려운 상황을 살아가며 걱정스러운 자녀나 아픈 부모를 돌보면서도 성실히 자신의 일을 해 나가는 가정의 아버지나 어머니가 있다면, 그들은 마리아의 풍요로움과 교회의 풍요로움으로 풍성한 열매를 맺습니다.

이제 루카 복음사가가 사도행전 첫 부분에 그린 두 번째 장면을 살펴봅시다. 다락방에서 사도들과 제자들과 함께 계신 예수님의 어머니를 묘사한 장면입니다(사도 1,12-14 참조). 이 장면은 막 태어나는 교회를 향한 마리아의 모성을 보여 줍니다. 모든 시대와 장소에서 현재적 의미를 지니는 "원형적" 모성입니다. 무엇보다 이 모성은 언제나 파스카 신비의 열매이며, 십자가에 못 박히시고 부활하신 주님께서 주시는 선물의 열매입니다.

초대 공동체에 힘차게 내려오신 성령께서는 예수님께서 마지막 숨을 거두실 때 넘겨주신 바로 그 성령입니다(요한 19,30 참조). 이 성경 장면은 첫 번째 장면과 떼어 낼 수 없습니다. 교회의 풍요로움은 창에 찔리신 예수님의 성심에서 피와 물과 함께 흘러나온 은총과 언제나 이어져 있습니다. 이 피와 물은 성사를 상징합니다(요한 19,34 참조).

다락방에서 마리아는 십자가 곁에서 받은 모성적 사명 덕분에 막 태어나는 공동체를 섬기셨습니다. 성모님은 예수님에 대한 살아 있는 기억이시며, 그런 분이신 만큼 말하자면 차이들을 조화롭게 아우르시고 제자들의 기도가 한마음이 되게 하시는 중심 축이 되십니다.

이 본문에서도 사도들의 이름이 한 명씩 열거되는데, 언제나 그렇듯이 첫 번째는 베드로입니다(사도 1,13 참조). 하지만 베드로 자신도, 아니 그가 제일 먼저 자신의 직무 수행에서 마리아의 도움을 받았습니다. 이와 같이 어머니인 교회는 마리아의 카리스마로 베드로 후계자들의 직무를 뒷받침합니다. 성좌는 미리아 영성과 베드로 영성이라는 두 축이 어우러지는 매우 독특한 방식으로 살아갑니다. 그리고 마리아 영성이 그리스도와 성령의 선물인 자신의 '모성'을 통해 베드로 영성의 '풍요로움'과 '거룩함'을 보장합니다.

사랑하는 여러분, 우리의 발걸음을 비추는 등불이신 하느님 말씀을 통해 하느님을 찬미합시다. 이 말씀은 성좌에서 봉사하는 우리의 일상생활도 밝혀 줍니다. 하느님 말씀의 빛을 받아 우리의 기도를 새롭게 바칩시다.

"자비로우신 아버지 하느님, 십자가에 못 박히신 외아드님을 낳으신 복되신 동정 마리아를 저희에게 어머니로 주셨으니 사랑이 넘치는 마리아의 협력으로 나날이 풍요로워지는 하느님의 교회가 자녀들의 성덕으로 기뻐하며 모든 백성을 품 안에 모으게 하소서." 아멘.

"성좌를 섬기는 가장 좋은 길은 우리 각자가 자신의 신분과 맡은 사명에 따라 성인이 되려고 애쓰는 것입니다."

교황님은 성좌, 곧 교황의 직분을 의미하는 성좌의 희년을 맞아 요한 복음과 사도행전을 설명하시면서 성덕의 우위성을 강조하셨다. 다시 말해서 베드로 사도의 후계자인 교황직을 돕는다는 것은 성인이 되려는 노력으로부터 출발해야 한다는 것이다. 교황님은 십자가 아래 계셨던 성모님이 새로운 하와가 되셨음을 상기시키면서 모든 풍요로움의 뿌리는 십자가에 있음을 강조하셨다. 그리고 발타사르의 글을 인용하시면서 교회와 십자가는 뗄 수 없는 관계라고 말씀하셨다. "교회가 십자가라는 작은 겨자씨에서 자라난 나무라면, 이 나무는 다시 겨자씨를 맺어야 합니다. 따라서 그 열매들도 십자가의 모양을 닮게 됩니다. 십자가 덕분에 그 열매들이 존재하기 때문입니다."

18

베드로의 시선이 되는 것

성좌 희년 참가자들과 교황 대사들과의 만남에서 행한 연설
2025년 6월 10일 화요일

존경하는 추기경, 주교, 몬시뇰 여러분, 사랑하는 교황 대사 여러분, 여러분 모두에게 특별한 인사를 건넵니다. 준비해 온 말씀을 나누기에 앞서, 존경하는 파롤린 추기경님과 여러분 모두에게 한 가지 말씀을 드리고 싶습니다. 추기경님께서 방금 언급하신 말씀을 제가 다시 반복하는 것은 누군가의 권유 때문이 아닙니다. 제가 마음 깊이 확신하는 바이기 때문입니다. 여러분의 역할과 직무는 그 누구도 대신할 수 없습니다. 만약 여러분의 희생과 헌신, 여러분이 쏟고 계신 모든 노력이 없었다면, 교회는

지금 이루고 있는 많은 일을 해낼 수 없었을 것입니다. 특히 교회의 위대한 사명 중에서도 매우 중요한 영역이 앞으로 나아갈 수 있게 해 주신 여러분의 공로는 실로 큽니다. 바로 주교 후보자 선발이라는 중차대한 일입니다. 여러분이 해 주고 계신 모든 일에 마음 깊이 감사드립니다. 이제 잠시 제 이야기에 귀를 기울여 주시기를 바랍니다.

어제 오전 성좌 희년 행사를 마무리한 뒤, 전 세계 각국과 국제기구에서 교황을 대표하여 일하시는 여러분과 이렇게 함께할 수 있어 참으로 기쁩니다.

무엇보다 먼저, 여러분 중 많은 분이 머나먼 길을 마다하지 않고 이곳까지 와 주신 것에 깊이 감사드립니다. 정말 고맙습니다. 여러분은 그 자체로 이미 가톨릭 교회의 참모습을 드러내 보이고 계십니다. 온 세상 어느 나라를 둘러봐도 우리만큼 보편적인 외교단은 찾아볼 수 없으니까요! 그런데 동시에 이렇게도 말할 수 있습니다. 세계 어느 나라에도 여러분처럼 굳건히 하나 된 외교단은 없다고 말입니다.

여러분이 이루는 일치, 우리가 나누는 친교는 단순히 업무상 필요에서 나온 것도 아니고, 이상적인 구호에 그치는 것도 아닙니다. 우리는 그리스도 안에서 한 몸을 이루고 있고, 교회 안에서 참된 일치를 누리기 때문입니다. 이런 사실을 깊이 묵상해 보면 참으로 놀랍습니다. 성좌의 외교는 그 구성원들 자체가 하나의 모범을 보여 줍니다. 비록 완벽하지는 않더라도 매우 의미 깊은 모범입니다. 인류의 형제애와 모든 민족 사이의 평화라는 메시지를 몸소 실천하는 것입니다.

사랑하는 여러분, 저는 지금 주님께서 제게 맡겨 주신 이 직무의 첫걸음을 떼고 있습니다. 며칠 전 국무원 가족들과 마주 앉아 털어놓았던 그 마음을 여러분 앞에서도 그대로 느끼고 있습니다. 바로 제가 날마다 해야 할 봉사를 도와주시는 모든 분에 대한 깊은 감사의 마음입니다. 이 마음은 제가 여러 현안들을 직접 다루면서 더욱 간절해집니다. 여러분의 수고가 많은 경우 저보다 한발 앞서 있다는 것을 절실히 깨닫기 때문입니다! 그렇습니다. 이 말씀은 특히 여러분에게 해당됩니다.

예를 들어 어느 나라의 교회 상황에 대해 보고받을 때마다, 저는 여러분과 여러분의 동료들이 세심하게 준비한 자료들과 깊이 있는 분석, 알찬 요약본에 기댈 수 있습니다. 교황 대사관들이 이루는 네트워크는 한시도 쉬지 않고 활발하게 돌아가고 있습니다. 바로 이 때문에 제가 이토록 큰 감사와 고마움을 느끼는 것입니다. 물론 저는 여러분의 헌신적인 노력과 탁월한 조직력을 생각하며 이런 말씀을 드리지만, 그보다 더 중요한 것이 있습니다. 여러분을 움직이는 깊은 동기, 우리 모두를 특징짓는 사목자적 품성, 그리고 우리에게 생명력을 불어넣는 신앙의 정신입니다. 바로 이런 덕목들 덕분에 저 역시 바오로 6세 성인 교황님이 체험하고 증언하신 바를 몸소 경험하고 있습니다. 교황님은 여러 나라에 파견된 교황의 대표들을 통해 교황이 자녀들의 삶에 함께 참여하게 되고, 마치 그 삶 속으로 직접 들어간 듯이 그들이 무엇을 필요로 하고 무엇을 간절히 바라는지를 더욱 빠르고 정확하게 알 수 있게 된다고 하셨습니다.[41]

이제 저는 여러분의 사명을 제 소임과 연결 지어 생각하면서 떠오른 성경의 한 장면을 여러분과 나누고 싶습니다. 사도행전에 나오는 불구자 치유 이야기(사도 3,1-10 참조)는 베드로의 직무가 무엇인지 명확하게 보여 줍니다.

그리스도교 공동체가 막 시작되던 그 새벽 무렵, 사도들을 중심으로 모인 첫 신앙 공동체는 오직 한 분께만 의지할 수 있음을 깨달았습니다. 바로 부활하시어 지금도 살아 계신 예수님이셨습니다. 한 불구자가 성전 문 앞에 앉아서 구걸을 하고 있었습니다. 마치 희망을 잃고 체념해 버린 인류의 모습 같았습니다. 오늘날에도 교회는 이런 사람들을 자주 만납니다. 더 이상 기쁨을 모르는 사람들, 사회가 변두리로 내몬 사람들, 어떤 의미에서는 삶 자체를 구걸할 수밖에 없는 처지에 내몰린 사람들 말입니다. 사도행전은 이렇게 전해 줍니다.

"베드로는 요한과 함께 그를 유심히 바라보고 나서, '우리를 보시오.' 하고 말하였다. 그가 무엇인가를 얻으리라고 기대하며 그들을 쳐다보는데, 베드로가 말하였다. '나는 은도 금도 없습니다. 그러나 내가 가진 것을 당신에게 주겠습니다. 나자렛 사람 예수 그리스도의 이름으로 말합니다. 일어나 걸으시오.' 그러면서 그의 오른손을 잡아 일으켰다. 그러자 그가 즉시 발과 발목이 튼튼해져 벌떡 일어나 걸었다. 그리고 그들과 함께 성전으로 들어가면서, 걷기도 하고 껑충껑충 뛰기도 하고 하느님을 찬미하기도 하였다."(사도 3,4-8)

베드로가 이 사람에게 건넨 "우리를 보시오."라는 말이 깊은 울림을 줍니다. 서로의 눈을 바라본다는 것은 관계를 맺는다는 뜻입니다. 베드로의 직무는 바로 이것입니다. 관계를 만들어 가고, 다리를 놓는 일입니다. 교황 대사는 무엇보다도 이런 초대와 눈 맞춤에 봉사하는 사람입니다. 언제나 베드로의 시선이 되십시오! 가장 힘들고 어려운 곳에서도 관계를 일굴 줄 아는 사람이 되십시오. 하지만 이런 일을 하면서도 베드로가 보여 준 겸손과 현실 감각을 잃지 마십시오. 베드로는 자신이 모든 문제의 해답을 가지고 있지 않다는 것을 잘 알고 있었습니다. 그는 "나는 은도 금도 없다."라고 솔직히 고백했습니다. 하지만 정작 중요한 것은 자신에게 있다는 것도 분명히 깨달았습니다. 그리스도, 모든 존재에게 가장 깊은 의미이신 분 말입니다. "나자렛 사람 예수 그리스도의 이름으로 말합니다. 일어나 걸으시오."

그리스도를 건네준다는 것은 사랑을 나눈다는 뜻입니다. 모든 것을 기꺼이 감당할 각오가 된 그 사랑을 증언한다는 의미입니다. 저는 여러분께 이것을 당부합니다. 여러분이 머물고 계신 나라에서 모든 사람이 이것을 알게 해 주십시오. 교회는 사랑을 위해서라면 언제나 모든 것을 할 준비가 되어 있다는 것을, 언제나 가장 보잘것없는 이들과 가난한 이들의 편에 서 있다는 것을, 그리고 하느님을 믿을 거룩한 권리를 언제나 지켜 낸다는 것을 말입니다. 삶이 이 세상 권력들의 생각대로 좌우되는 것이 아니라, 신비로운 의미로 관통되어 있다고 믿을 권리를 말입니다.

무고한 이들이 겪는 고통 앞에서, 오늘날에도 십자가에 못 박히는 사람들의 아픔 앞에서는 오직 사랑만이 믿을 만합니다. 여러분 가운데 많은 분이 이를 뼈저리게 아실 것입니다. 여러분은 전쟁과 폭력과 불의에 시달리는 민족들을 섬기고 계시고, 속임수와 실망만 안겨 주는 거짓 번영에 속아 넘어간 이들을 돌보고 계시기 때문입니다.

사랑하는 형제 여러분, 제가 선물로 드릴 반지에 새겨진 것처럼, 여러분의 봉사가 '베드로의 보호 아래'에서 이루어진다는 사실이 여러분에게 늘 위안이 되기를 바랍니다. 언제나 베드로와 끈끈히 이어져 있고, 베드로의 보호를 받으며, 베드로에게서 파견되었음을 마음에 새기십시오. 오직 교황에 대한 순명과 진정한 친교 안에서만 여러분의 직무가 지역 주교들과 손잡고 교회를 세워 나가는 일에서 힘을 발휘할 수 있습니다.

항상 축복하는 눈길을 간직하십시오. 베드로의 직무는 바로 축복하는 것이기 때문입니다. 언제나 선을 발견할 줄 아는 것, 심지어 숨어 있는 선까지도, 소수에 불과한 선까지도 알아볼 줄 아는 것입니다. 여러분 자신을 선교사로 생각하십시오. 인간의 존엄성을 위해 봉사하면서 친교와 일치의 다리가 되고, 함께 일하도록 부름받은 각국 당국들과 어디서든 진실하고 건설적인 관계를 키워 나가기 위해 교황이 파견한 선교사가 되십시오. 여러분의 모든 역량이 성화를 향한 확고한 다짐으로 언제나 빛나기를 바랍니다. 요한 23세 성인 교황님과 바오로 6세 성인 교황님처럼, 성좌의 외교에 일생을 바친 성인들의 빛나는 모범이 여러분 앞에 있습니다.

사랑하는 여러분, 오늘 이 자리에 여러분이 함께해 주신 것은 베드로의 역할이 신앙을 든든하게 북돋아 주는 것이라는 깨달음을 더욱 선명하게 해 줍니다. 여러분은 세계 곳곳에서 그 전령이 되고, 눈에 보이는 표징이 되기 위해 무엇보다 먼저 이런 확신이 필요한 분들입니다.

어제 아침 우리 모두가 통과한 성문聖門이 우리를 격려해 주기를 바랍니다. 언제나 우리의 희망이신 그리스도의 용감한 증인으로 살아가도록 말입니다. 감사합니다.

"교회는 사랑을 위해서라면 언제나 모든 것을 할 준비가 되어 있다는 것을, 언제나 가장 보잘것없는 이들과 가난한 이들의 편에 서 있다는 것을, 그리고 하느님을 믿을 거룩한 권리를 언제나 지켜 낸다는 것을 말입니다."

교황님은 다양한 교회와 국가, 그리고 국제기구에 파견된 교황 대사들과의 만남 속에서 교회가 추구하는 첫 번째 가치, 곧 사랑을 전달해 줄 것을 당부하셨다.

그리고 교황 대사들의 정체성을 선교사로서 바라보고 계신 점도 눈길을 끈다. 요한 23세 교황님과 바오로 6세 교황님과 같은 성인들을 언급하시며 교황 대사들은 인간의 존엄성을 위해 봉사하면서 친교와 일치의 다리가 되고, 함께 일하도록 부름받은 각국 당국들과 어디서든 진실하고 건설적인 관계를 키워 나가기 위해 교황이 파견한 선교사가 되어 달라고 당부하셨다.

19

희망하는 것은 연결하는 것

> 희년 알현, 교황의 교리 교육
> 2025년 6월 14일 토요일

성부와 성자와 성령의 이름으로. 평화가 여러분과 함께! 사랑하는 형제자매 여러분, 프란치스코 교황님이 지난 1월부터 시작하셨던 특별 희년 알현이 오늘 아침 재개됐습니다. 교황님은 희년 알현에서 매번 희망이라는 신학적 덕목의 구체적인 측면과 이를 증거한 영적 인물을 제시하셨습니다. 그러므로 우리는 희망의 순례자로서 시작된 여정을 계속해 나갑시다!

우리는 사도들이 처음부터 전해 준 희망으로 하나 됩니다. 사도들은 예수님 안에서 땅과 하늘이 하나 되는 것을 보았습니다.

그들은 눈과 귀와 손으로 생명의 말씀을 받아들였습니다. 희년은 이 신비로 향하는 열린 문입니다. 희년은 하느님의 세상을 우리 세상과 더욱 근본적으로 연결합니다. 이는 우리가 매일 기도하는 "하늘에서와 같이 땅에서도 이루어지소서."라는 기도를 진지하게 받아들이도록 초대합니다. 이것이 바로 우리의 희망입니다. 오늘 우리가 심화하고자 하는 것은 바로 이 부분입니다. 희망은 연결입니다.

가장 위대한 그리스도교 신학자 중 한 분인 리옹의 이레네오 성인은 희망이 얼마나 아름답고 오늘날에도 여전히 의미가 있는지를 이해하는 데 도움을 줍니다. 이레네오 성인은 소아시아에서 태어나 사도들을 직접 아는 사람들 사이에서 교육받았습니다. 그 후 그는 프랑스 리옹으로 왔습니다. 리옹에는 이미 그의 고국 출신 그리스도인 공동체가 형성돼 있었기 때문입니다.

우리가 이곳 로마에서, 유럽에서 이 사실을 기억하는 것은 얼마나 기쁜 일입니까! 복음은 외부에서 이 대륙에 전해졌습니다. 그리고 오늘날에도 이주민 공동체는 그들을 환대하는 나라에서 신앙을 되살리는 존재입니다. 복음을 받아들이는 나라들에서 신앙을 되살리는 존재입니다. 복음은 외부에서 왔습니다. 이레네오 성인은 동양과 서양을 연결하셨습니다. 이는 이미 희망의 표징입니다. 서로 다른 민족들이 서로를 어떻게 풍요롭게 하는지 일깨워 주기 때문입니다.

그러나 이레네오 성인은 우리에게 전할 더 큰 보화를 지녔습니다. 그리스도교 공동체 내에서 겪은 교리적 분열, 내적 갈등, 외적 박해에도 낙심하지 않았습니다. 오히려 분열된 세상에서 더 깊이 사고하는 법을 배우고, 예수님께 더욱 깊이 집중했습니다. 그는 예수님의 인격, 더 나아가 예수님의 육신을 노래하는 사람이 됐습니다. 사실 그는 우리에게 서로 대립되는 것처럼 보이는 것들이 하나 됨으로 다시 합쳐진다는 것을 깨달았습니다. 예수님께서는 우리를 나누는 벽이 아니라, 하나로 연결하는 문이십니다. 우리는 그분 안에 머물러 현실과 이념을 식별할 줄 알아야 합니다.

사랑하는 형제자매 여러분, 오늘날에도 생각이 광기가 될 수 있고, 말이 사람을 죽일 수 있습니다. 그러나 육신은 우리 모두를 지탱하는 존재이며, 우리를 땅과 다른 피조물과 하나 되게 합니다. 예수님의 육신은 모든 형제자매 안에서, 모든 피조물 안에서 환대받고 묵상되어야 합니다. 육신의 부르짖음에 귀 기울이고, 우리의 이름을 부르는 다른 이들의 고통에 귀 기울입시다. 우리가 태초부터 받은 계명은 서로 사랑하라는 것입니다. 이 계명은 어떤 법보다도 먼저 우리의 육신에 새겨져 있습니다.

일치의 스승이신 이레네오 성인은 우리에게 대립하지 말고 서로 하나 되라고 가르치십니다. 지혜는 분열을 일으키는 것이 아니라 하나를 이루는 것입니다. 식별력은 유용하지만 결코 분열시키지 않습니다. 예수님께서는 우리 가운데 계시는 영원한 생명이십니다. 서로 대립되는 것들을 하나로 모으시고, 친교를 가능하게 하십니다.

우리는 희망의 순례자입니다. 사람, 민족, 그리고 피조물들 가운데에는 하나 됨을 향해 나아가기로 결심한 누군가가 필요하기 때문입니다. 다른 이들이 우리를 따를 것입니다. 2세기 리옹의 이레네오 성인처럼, 오늘날 벽으로 둘러싸인 곳에 [친교의] 다리를 놓기 위해 우리의 모든 도시로 돌아갑시다. 문을 열고, 세상을 연결합시다. 그러면 희망이 피어날 것입니다.

"예수님께서는 우리를 나누는 벽이 아니라, 우리를 하나로 연결하는 문이십니다."

교황님은 희년을 위한 알현을 통해 예수님께서 인간을 하나로 연결하는 문이심을 말씀하셨다. 특히 이레네오 성인의 삶을 설명하시면서 유럽 입장에서는 복음이 외부에서 도래한 것이며, 이레네오 성인 역시 동방 출신으로 리옹에서 사목하시며 동양과 서양을 연결한 분임을 설명하셨다. 대립이 아니라 화합을, 분열이 아니라 일치를 강조하시면서 예수님께서는 우리를 나누는 벽이 아니라, 우리를 하나로 연결하는 문이심을 우리가 되새기도록 하셨다.

20

여러분은 희망의 빛이 되도록 부름받았습니다

시카고와 전 세계 젊은이들에게 보내신 영상 메시지
2025년 6월 14일 토요일

사랑하는 나의 친구 여러분, 시카고대교구의 신앙 공동체로서, 이 뜻깊은 축하 행사를 위해 화이트삭스 파크에 모이신 여러분에게 인사드릴 수 있어 매우 기쁩니다. 쿠피치 추기경님과 보좌 주교님들께 특별한 감사를 드리며, 오늘 지극히 거룩하신 삼위일체 대축일을 맞아 이 자리에 함께해 주신 모든 친구 여러분에게도 따뜻한 인사를 전합니다.

저는 먼저 삼위일체에 대해 말씀드리며 시작하고자 합니다. 삼위일체는 우리를 향한 하느님의 사랑을 가장 깊이 보여 주는 모범이기 때문입니다. 삼위일체 하느님께서는 깊은 사랑 속에 공동체를 이루시며 일치되어 계십니다. 그리고 삼위일체 하느님께서는 이 친교를 우리 모두와 나누십니다.

오늘 이처럼 큰 축제를 위해 모이신 여러분께 진심으로 감사드리며 여러분이 일상에서, 가정에서, 본당에서, 대교구 안에서, 그리고 이 세상 안에서 형제자매로서 공동체와 우정을 계속해서 키워 가시기를 격려합니다.

특히 이 자리에 함께한 젊은이 여러분, 그리고 지금 이 메시지를 인터넷과 다른 기술적 수단을 통해 보고 있는 분들께 특별한 인사를 전합니다. 여러분은 함께 성장해 가는 여정 속에서, 특히 코로나19 팬데믹 이후 고립감이나 어려움을 겪었을 수 있습니다. 가정이나 사회 안에서 다양한 문제를 마주했을 수도 있고, 어떤 경우에는 삶의 여건 때문에 신앙을 살아가거나 공동체 안에서 신앙을 나눌 기회를 가지지 못했을 수도 있습니다. 이 자리를 빌려, 여러분 각자가 자신의 마음을 깊이 들여다보며 하느님께서 언제나 함께 계시다는 것을 깨닫게 되길 바랍니다. 하느님께서는 다양한 방식으로 여러분을 찾고 계십니다. 성경 말씀을 통해, 친구나 친척을 통해, 혹은 신앙 깊은 할머니나 할아버지를 통해서라도, 여러분을 당신의 아드님 예수 그리스도와의 만남으로 초대하고 계십니다. 우리 안에 계신 하느님의 현존과 우리 삶

속에서 사랑을 갈망하는 마음에 주의를 기울이는 것이 얼마나 중요한지를 깨닫는 것, 그것은 우리 인생으로 다른 사람을 위해 할 수 있는 일이 무엇인지 진정으로 찾는 일입니다.

이처럼 이웃을 위한 봉사의 삶 안에서 우리는 우정을 나누고 공동체를 세우며 삶의 진정한 의미를 발견할 수 있습니다. 불안과 외로움, 우울감이나 슬픔의 순간을 겪는 이들 역시 하느님의 사랑이 치유의 힘을 가지고 있으며, 희망을 가져다줄 수 있음을 체험할 수 있습니다. 공동체 안에서, 본당과 신앙 안에서 친구로서, 형제자매로서 다시 만남을 이루는 그 경험을 통해 우리는 하느님의 은총과 사랑이 실제로 우리를 치유하고, 우리에게 필요한 힘을 주며, 우리 삶에서 필수적인 희망의 원천이 될 수 있다는 사실을 발견합니다.

서로에게 희망의 메시지를 나누는 것, 서로를 더 세심히 살피고 섬기며 세상을 더 나은 곳으로 만들기 위한 길을 함께 모색하는 것이야말로 우리 모두에게 진정한 삶을 열어 주고, 온 세상에 희망의 표징이 됩니다.

이 자리에 함께한 젊은이 여러분께 다시 한번 말씀드립니다. 여러분은 우리 모두에게 희망의 약속입니다. 여러분이 주변을 바라보며 "우리에겐 여러분이 필요합니다. 교회 안에서든 사회 안에서든, 함께 희망의 메시지를 전하고, 평화를 이루며, 모든 사람 사이의 조화를 만들어 가고 싶습니다."라고 외칠 때, 세상은 바로 그런 여러분의 목소리에 귀를 기울입니다.

우리는 이제 우리의 좁은 틀, 이기적인 방식을 넘어서야 합니다. 함께 연대하고, 희망의 메시지를 전하는 새로운 길을 찾아야 합니다. 아우구스티노 성인은 이렇게 말합니다. "세상을 변화시키고 싶다면, 우리 자신부터 시작해야 합니다. 우리의 삶과 마음에서부터 변화가 시작되어야 합니다."[42]

이러한 의미에서 여러분이 오늘 신앙 공동체로 모여 시카고 대교구와 함께 기쁨의 축제를 나누는 이 자리 자체가 희망의 등불입니다. 그 빛은 때때로 수평선 너머에 있어 쉽게 보이지 않을 수 있습니다. 그러나 우리가 함께 모이고, 친교 안에서 하나 되어 살아갈수록 빛은 점점 더 밝아집니다. 그 빛은 바로 예수 그리스도 안에 있는 우리의 믿음입니다. 그리고 이 믿음 안에서 우리는 세상에 평화와 일치를 전하는 희망의 메시지가 될 수 있습니다.

우리 모두는 마음속에 수많은 질문을 품고 살아갑니다. 아우구스티노 성인은 고백록에서 말합니다. "님 위해 우리를 내시었기 님 안에 쉬기까지는 우리 마음이 찹찹하지 않삽나이다."[43] 여기서 불안은 부정적인 것이 아닙니다. 우리는 삶의 긴장과 고통을 억누르거나 외면하려 해서는 안 됩니다. 오히려 이 마음의 움직임을 깊이 들여다보며, 하느님께서 우리 삶 안에서 우리를 통해 일하시며 다른 이들에게도 다가가고 계시다는 것을 깨달아야 합니다.

이 짧은 메시지를 마무리하며, 여러분 모두가 희망의 빛이 되어 주시기를 간곡히 청합니다. 바오로 사도는 로마서에서 이렇게 말합니다. "희망은 우리를 부끄럽게 하지 않습니다."(로마 5,5) 저는 이 자리에 함께한 여러분 한 사람 한 사람, 그리고 신앙 안에서 함께 모인 공동체를 보며, 세상 안에 얼마나 큰 희망이 살아 숨 쉬고 있는지를 봅니다.

올해 '희망의 희년'을 맞아 우리의 희망이신 그리스도께서 우리 모두를 부르십니다. 그리고 오늘날 이 세상 안에서 살아 있는 희망의 모범이 되도록 우리를 초대하십니다.

그러므로 여러분 모두에게 부탁드립니다. 잠시 시간을 내어 여러분의 마음을 하느님께 열어 보십시오. 하느님의 사랑, 그리고 오직 주님만이 주실 수 있는 그 참된 평화에 마음을 여십시오. 하느님의 사랑이 얼마나 깊고, 아름답고, 강하며, 의미 있는지를 여러분의 삶 안에서 체험하시기 바랍니다. 그리고 우리가 그 사랑을 받을 자격이 있어서가 아니라, 하느님께서 그분의 자비로 우리에게 끊임없이 사랑을 부어 주시기 때문이라는 사실을 기억하십시오. 하느님께서는 우리에게 사랑을 주시며, 그 사랑을 다른 이들과 나누라고 초대하십니다.

오늘 이 축하의 자리에 함께하신 모든 분이 진정으로 축복받으시기를 기도합니다. 주님의 사랑과 평화가 여러분 각자에게, 그리고 여러분의 가정과 삶의 모든 자리 위에 충만히 내리기를 바랍니다. 하느님께서 여러분 모두를 축복하시어, 여러분이 언제나 희망의 등불이자 세상에 희망과 평화의 표징이 되기를 기원합니다.

전능하신 하느님, 성부와 성자와 성령의 축복이 여러분에게 내리시고 언제나 함께하시기를 빕니다. 아멘.

"잠시 시간을 내어 여러분의 마음을 하느님께 열어 보십시오. 하느님의 사랑, 그리고 오직 주님만이 주실 수 있는 그 참된 평화에 마음을 여십시오."

2025년 6월 14일, 지극히 거룩하신 삼위일체 대축일에 시카고 화이트삭스 메이저 리그 야구팀의 홈구장인 레이트 필드에서 보좌 주교들과 성직자들, 가정들, 그리고 청년들이 참석한 가운데 레오 14세 교황 선출을 축하하는 미사가 시카고대교구장 쿠피치 추기경의 주례로 봉헌되었다. 레오 14세 교황님은 미국 시카고에서 태어나셨다.

교황님은 비디오 메시지에서 희망을 강조하셨다. 아우구스티노 성인의 "님 위해 우리를 내시었기 님 안에 쉬기까지는 우리 마음이 참참하지 않삽나이다."[44]라는 말씀을 인용하시면서 하느님 안에서 누리는 평화의 중요성을 언급하셨다.

이러한 맥락에서 하느님께 우리 마음을 열고 하느님의 사랑, 그리고 오직 주님만이 주실 수 있는 참된 평화를 체험하라고 초대하셨다. 그리하여 우리 모두 하느님의 사랑이 얼마나 깊고, 아름답고, 강하며, 의미 있는지를 체험하기를 바라셨다. 특히 하느님의 사랑은 우리에게 받을 만한 자격이 있어서가 아니라, 조건 없이 주어지는 사랑임을 기억하라고 강조하셨다. 그런 하느님의 사랑을 받는 우리 역시 다른 사람들과 그 사랑을 나누라고 초대하셨다.

21

서로를 사랑하는 이들의 춤

> 지극히 거룩하신 삼위일체 대축일,
> '스포츠의 희년' 미사 강론
> 2025년 6월 15일 일요일

사랑하는 형제자매 여러분, 오늘 제1독서에서 이런 말씀을 들었습니다. "하느님의 지혜가 이렇게 말하였다. '주님께서는 그 옛날 모든 일을 하시기 전에 당신의 첫 작품으로 나를 지으셨다. …… 그분께서 하늘을 세우실 때, 심연 위에 테두리를 정하실 때 나 거기 있었다. …… 나는 그분 곁에서 사랑받는 아이였다. 나는 날마다 그분께 즐거움이었고 언제나 그분 앞에서 뛰놀았다. 나는 그분께서 지으신 땅 위에서 뛰놀며 사람들을 내 기쁨으로 삼았다.″(잠언 8,22.27.30-31)

아우구스티노 성인은 성삼위와 지혜가 깊이 결합되어 있다고 가르칩니다. 지극히 거룩하신 삼위일체 안에서 거룩한 지혜가 드러나고, 지혜는 언제나 우리를 진리로 이끌어 갑니다.

오늘 우리는 지극히 거룩하신 삼위일체 대축일을 지내며 동시에 '스포츠의 희년' 행사를 지내고 있습니다. '삼위일체와 스포츠', 언뜻 어울리지 않을 것 같지만, 사실 이 둘 사이에는 깊은 연결 고리가 있습니다. 참으로 훌륭한 모든 인간 활동은 하느님의 아름다움을 담고 있기 때문입니다. 스포츠도 분명 그러한 활동 중 하나입니다. 더욱이 하느님께서는 정적인 존재가 아니십니다. 당신만의 세계에 갇혀 계시지도 않습니다. 하느님께서는 성부와 성자와 성령 사이의 살아 있는 사랑, 친교 그 자체이십니다. 이 친교는 인류와 온 세상을 품어 안습니다. 신학자들은 이를 '페리코레시스perichoresis', 곧 '춤'이라 부릅니다. 서로를 향한 사랑의 춤을 추는 것이지요.

이 거룩한 역동성에서 모든 생명이 샘솟습니다. 제1독서가 증언하듯이(잠언 8,30-31 참조), 우리를 창조하신 하느님께서는 당신 피조물에게 생명을 선사하시고, 기뻐하고 즐거워하시며 "뛰노시는" 분이십니다. 몇몇 교부들은 과감히 '데우스 루덴스deus ludens', 곧 놀이하시는 하느님, 즐기시는 하느님에 대해 말하기까지 했습니다.[45] 바로 여기서 스포츠가 삼위일체 하느님을 만나게 해 주는 이유를 찾을 수 있습니다. 스포츠는 나 자신이 타인을 향해 움직이게 만들기 때문입니다. 여기서 타인이란 눈에 보이는 상대방이기도 하지만, 무엇보다 내 마음 깊은 곳의 존재이기도 합니다. 이런 움직임이 없다면 스포츠는 이기심으로 벌이는 메마른 경쟁으로 전락하고 맙니다.

경기장에서 선수들을 응원할 때 이탈리아 사람들이 자주 외치는 말이 있습니다. "Dai!"(힘내!) 어쩌면 평소에는 별로 눈여겨보지 않았을 테지만, 이는 참으로 아름다운 외침입니다. 'dare', 곧 '주다'라는 동사의 명령형이기 때문입니다. 이것은 우리에게 깊은 깨달음을 줍니다. 단순히 뛰어난 실력을 발휘하라는 게 아니라, 자기 자신을 내어 주라는, 온 마음을 다해 뛰어 보라는 뜻입니다. 다른 이들을 위해, 말하자면 자신의 성장을 위해, 응원하는 이들을 위해, 사랑하는 가족과 지도해 주는 이들을 위해, 함께하는 동료들을 위해, 관중을 위해, 심지어 상대편을 위해서까지 자신을 온전히 내어 주라는 의미입니다. 진정한 스포츠라면 결과를 넘어선 이러한 가치를 품고 있습니다. 스포츠를 사랑하셨던 요한 바오로 2세 교황님이 이렇게 말씀하신 이유이기도 합니다. "스포츠는 삶의 기쁨이요 놀이요 축제입니다. 바로 그렇게 소중히 여겨져야 합니다. …… 생산과 소비라는 냉혹한 논리나, 삶을 바라보는 순전히 공리주의적이고 쾌락주의적인 다른 모든 관점을 뛰어넘어서, 스포츠 본연의 무상성과 우정의 끈을 단단히 하는 힘, 서로 마음을 열고 대화하게 하는 능력을 되찾아야 합니다."[46]

이제 이러한 관점에서 세 가지 측면을 살펴보겠습니다. 이 세 가지야말로 오늘날 스포츠가 인간적이고 그리스도교적인 교육의 귀한 도구가 되는 특징들입니다.

먼저 '고독'이 깊어 가는 사회를 생각해 봅시다. 극단적 개인주의가 관심의 중심을 '우리'에서 '나'로 옮겨 놓았고, 마침내 우리는 타인을 외면하게 되었습니다. 그런데 스포츠는, 특히 팀 경기는 더더욱 협력의 소중함을 가르쳐 줍니다. 함께 걸어가는 것의 의미를 깨닫게 해 줍니다. 앞서 말했듯이 하느님 생명의 핵심에 자리한 나눔의 가치를 체험하게 해 줍니다(요한 16,14-15 참조). 이렇게 스포츠는 민족과 민족 사이에서, 공동체 안에서, 학교와 일터에서, 가정에서 만남과 화해를 이끄는 소중한 다리가 됩니다!

둘째, 점점 더 '디지털 세상으로 바뀌어 가는' 현실을 봅시다. 기술은 멀리 있는 사람들을 가까이 연결해 주지만, 아이러니하게도 곁에 있는 사람들을 더욱 멀어지게 만들고 있습니다. 스포츠는 함께 있는 것의 생생함을 일깨워 줍니다. 몸으로 느끼고, 공간을 체험하고, 고통을 견디며, 실제 시간 속에서 살아가는 것의 의미를 되새기게 해 줍니다. 가상 세계로 도피하려는 유혹에 맞서 스포츠는 자연과 구체적인 삶과 건전한 관계를 유지하도록 이끌어 줍니다. 사랑은 오직 현실 속에서만 실천할 수 있기 때문입니다(1요한 3,18 참조).

셋째, 강자와 승자만이 살아남을 자격이 있다는 냉혹한 경쟁 사회에서 스포츠는 지는 법도 가르쳐 줍니다. '패배의 기술' 속에서 인간은 자신의 가장 깊은 진실과 마주하게 됩니다. 연약함, 한계, 불완전함이라는 인간 조건의 핵심입니다 이것이 얼마나 소중한지 모릅니다. 바로 이 연약함을 체험할 때 우리 마음이 희망을 향해 열리기 때문입니다. 절대 실수하지 않고 절대 지지 않는 운동선수는 이 세상에 없습니다. 진정한 챔피언들은 완벽한 기계가 아닙니다. 넘어져도 다시 일어설 용기를 찾아내는 사람들입니다. 이와 관련해 요한 바오로 2세 교황님의 말씀을 다시 한번 되새겨 봅시다. 그분은 예수님을 "하느님의 참된 운동선수"라고 부르셨습니다. 힘이 아닌 사랑의 충실함으로 세상을 이기셨기 때문입니다.[47]

우리 시대 많은 성인들의 삶에서 스포츠가 중요한 자리를 차지한 것은 결코 우연이 아닙니다. 개인적인 수련으로서든 복음을 전하는 길로서든 말입니다. 스포츠인들의 수호성인 피에르 조르조 프라사티를 떠올려 봅시다. 복자는 오는 9월 7일 성인품에 오를 예정입니다. 단순하면서도 빛나는 그의 삶은 우리에게, 누구도 태어날 때부터 챔피언이 아니듯, 아무도 성인으로 태어나지 않는다는 중요한 진리를 일깨워 줍니다. 매일매일 사랑을 연마하고 훈련할 때 우리는 궁극의 승리에 가까워집니다(로마 5,3-5 참조). 그리고 새로운 세상을 건설하는 일꾼이 됩니다. 바오로 6세 성인 교황님도 제2차 세계 대전이 끝난 지 20년 뒤, 가톨릭 스포츠 협회 회원들에게 말씀하시며 이를 강조하셨습니다. 전쟁으로 폐허가 된 사회에 평화와 희망을 되찾아 주는 데 스포츠가 얼마나 크게 이바지했는지를 상기시키시면서 말입니다.[48]

"여러분이 쏟고 있는 모든 노력은 새로운 사회 건설을 향하고 있습니다. …… 스포츠가 품고 있는 건전한 교육적 요소들을 통해 인간의 영적 향상을 위한 매우 유용한 도구가 될 수 있습니다. 이것이야말로 질서 있고 평화로우며 건설적인 사회의 첫 번째이자 없어서는 안 될 조건입니다."[49]

사랑하는 스포츠인 여러분, 교회가 여러분에게 맡기는 사명이 있습니다. 참으로 아름다운 사명입니다. 여러분의 모든 활동 안에서 삼위일체 하느님의 사랑을 비추어 달라는 것입니다. 여러분 자신과 모든 형제자매들의 참된 행복을 위해서입니다. 운동선수, 지도자, 단체, 모임, 가정 모두 열정을 품고 이 사명을 받아들이시기를 바랍니다. 프란치스코 교황님이 강조하신 바와 같이, 복음에서 마리아는 능동적이고 역동적인 모습으로 나타나십니다. 심지어 "서둘러"(루카 1,39 참조) 길을 떠나십니다. 어머니들이 그렇듯이, 하느님의 부르심에 따라 당신 자녀들을 도우러 나설 준비를 항상 갖추고 계셨습니다.[50] 성모님께 간청합시다. 우리의 모든 수고와 열정에 함께해 주시기를, 그리고 가장 큰 승리에 이를 때까지 언제나 최선의 길로 이끌어 주시기를 간청합니다. 바로 영원이라는 승리, 경기가 더 이상 끝나지 않고 기쁨이 넘쳐나는 "끝없는 경기장"에서의 승리에 이를 때까지 함께해 주시기를 청합니다(1코린 9,24-25; 2티모 4,7-8 참조).

"고독이 깊어 가는 사회, 디지털화된 세계, 경쟁 사회에서 스포츠의 소중함."

교황님은 스포츠가 인간적이고 그리스도교적인 교육적 도구가 될 수 있음을 제시하셨다. 우선 고독이 깊어 가는 사회에서 스포츠는 하나의 팀을 이루면서 함께 걸어가는 것의 의미를 알려 준다. 그래서 인간은 스포츠를 통해 사람과 사람 사이, 민족과 민족 사이, 공동체와 공동체 사이에서 만남을 이루고 화해를 이루는 소중한 다리가 될 수 있다.

그리고 항상 사람들 가운데 있도록 만들면서도 사람들과 더욱 멀어지게 하는 디지털화된 세상에서 스포츠는 실질적으로 몸을 부딪치며 일정한 공간에서 힘든 것을 이겨 내는 과정을 일깨워 준다. 그래서 가상 공간 속으로 숨어 들어가려는 인간을 자연과, 사람들과 관계를 맺도록 인도하는 역할을 한다.

 마지막으로 교황님은 스포츠가 강자만이 살아남는 경쟁사회 속에서 패배의 기술을 인간에게 알려 줄 수 있다고 말씀하셨다. 다시 말해 인간은 패배를 통해 자신의 나약함, 한계, 불안전함을 체험하면서 자신을 더 잘 알게 된다. 연약함 속에서 희망을 향해 개방되는 인간의 자세를 스포츠를 통해 습득할 수 있는 것이다.

22

경이로움을 나누는 것

> 바티칸 천문대가 주관하는
> 천체 물리학 여름 학교 참가자들에게 행한 담화
> 2025년 6월 16일 월요일

안녕하세요! 환영합니다, 여러분. 바티칸 천문대 여름 학교에 참여하기 위해 전 세계에서 모인 학생들과 학자 여러분께 인사드릴 기회를 갖게 되어 매우 기쁩니다. 함께 공부하고 생활하는 경험이 단순히 학문적이고 개인적인 성장을 넘어, 하나인 우리 인류 공동체를 위한 과학 발전에 기여하는 우정과 협력의 관계를 발전시키는 데에도 큰 도움이 되기를 바랍니다.

올해 여름 학교의 주제는 '제임스 웹 우주 망원경으로 우주 탐사하기'라고 들었습니다. 천문학자가 되기 위해 이보다 흥미로운 때는 없을 것입니다! 이 놀라운 도구 덕분에 우리는 사상 처음으로 생명체가 성장할 수도 있는 외계 행성의 대기 깊숙한 곳을 들여다보고, 행성계가 형성되는 성운도 연구할 수 있게 되었습니다. 제임스 웹 망원경을 통해 우리는 멀리 떨어진 은하들의 오래된 빛을 추적할 수 있는데, 이는 우리 우주의 시작에 대해 말해 줍니다.

수 세기 전에 성경을 기록한 저자들은 이러한 특권을 누릴 수 없었습니다. 그러나 그들은 창조의 순간이 어떠했을지에 대해 시적이고 종교적인 상상력을 발휘하며 생각했습니다. "그분께서 별들을 부르시니, '여기 있습니다.' 하며 자기들을 만드신 분을 위하여 즐겁게 빛을 낸다."(바룩 3,35) 오늘날 제임스 웹 우주 망원경이 찍은 사진들은 우리에게 놀라움을 안겨 주지 않습니까? 우리가 그 엄청난 아름다움을 바라볼 때 사실 우리에게는 신비로운 기쁨이 가득 차오르지 않습니까?

우주 망원경의 과학팀은 이 놀라운 사진들을 대중에게 공개하기 위해 열심히 작업해 왔습니다. 우리 모두 그들에게 감사하지 않을 수 없습니다. 특히 여름 학교에 참여한 여러분은 이 특별한 도구를 활용하여 우주에 대한 지식을 확장하는 데 중요한 기술과 훈련을 받았습니다. 우주 안에서 우리는 미소한 부분이지만 매우 중요한 부분을 차지합니다.

물론 여러분 중 누구도 혼자서 여기까지 오지 않았습니다. 여러분 각자는 훨씬 더 큰 공동체의 일원입니다. 지난 30년간 우주망원경과 그 장비들을 제작하기 위해 힘쓴 모든 사람, 그리고 그 과학적 아이디어들을 검증하기 위해 노력한 사람들을 떠올려 보십시오. 동료 과학자, 엔지니어, 수학자들의 공헌뿐 아니라 여러분의 가족과 많은 친구들의 지지 덕분에 놀라운 성과를 경험하고, 그 과정에 참여할 수 있었습니다. 이는 우리가 주변 세상을 새롭게 바라보게 해 주었습니다.

그러므로 여러분이 하는 일이 우리 모두에게 얼마나 큰 유익을 가져오는지 결코 잊지 마십시오. 여러분이 배우고 경험한 것을 최대한의 능력과 가능한 모든 방법으로 아낌없이 나누어 주십시오. 아우구스티노 성인의 말씀처럼, 하느님께서 우주의 조화 속에 뿌리신 '씨앗들'에 대한 여러분의 묵상에서 우러나는 기쁨과 경이로움을 나누는 것을 주저하지 마십시오.[51] 기쁨을 더 많이 나눌수록, 여러분은 더 많은 기쁨을 창조할 것입니다. 그리고 여러분 각자는 지식의 탐구를 통해 더 평화롭고 정의로운 세상을 만드는 데 기여할 수 있을 것입니다.

이러한 마음을 담아, 여러분의 방문에 다시 한번 진심으로 감사드립니다. 여러분과 여러분의 가족, 그리고 여러분의 일을 위해 기도할 것을 약속드립니다. 모두에게 지혜와 이해력, 기쁨과 평화의 하느님 축복이 가득하기를 기원합니다. 하느님께서 여러분을 축복하시기를 바랍니다. 감사합니다.

"이 우주 안에서 우리는 미소한 부분이지만 매우 중요한 부분을 차지합니다."

카스텔 간돌포에 있는 바티칸 천문대에서 '제임스 웹 우주 망원경으로 우주 탐사하기'라는 주제로 여름 학교가 개최되었다. 교황님은 여름 학교를 방문한 학생들과 관계자들에게 우주에 대한 탐구가 얼마나 아름답고 유익한 것인지를 강조하셨다.

바티칸 천문대가 현재의 위치인 카스텔 간돌포에 자리하게 된 것은 비오 11세 교황님 때인 1935년이었다. 그전의 역사를 다 언급할 수는 없지만, 이탈리아 통일 과정에서 교황령이 사라진 뒤 천문대는 여러 과정을 거쳐 바티칸 시국 내에 자리 잡았다. 그러나 로마 도시의 불빛이 점점 강해지면서 천문대로서의 역할에 한계를 드러내게 되었고, 비오 11세 교황님 때 현재 장소로 자리를 옮기게 된 것이다.

사실 바티칸 천문대는 가장 오래된 천체 관측대 중에 하나다. 역사적으로 그 시작은 그레고리오 13세 교황까지 거슬러 올라간다. 그레고리오 13세 교황님은 율리우스 월력을 개혁하기 위한 일종의 위원회를 만드셨고 그 후 교황님들은 천문대 몇 개를 건축하여 하늘을 관찰하도록 하셨다. 그레고리오 13세 교황님이 전례력 개혁을 위해 만드신 위원회에는 크리스토프 클라비우스라는 예수회원이 포함되어 있었는데, 수학자인 그는 전례력을 개혁하는 과정에서 의견을 제시하고 설명하기도 했다. 이렇게 시작된 바티칸 천문대는 그 책임자가 예수회원들 중에서 임명되는 관례를 이어 오고 있다.

오랜 시간 이어져 온 이러한 역사와 전통 속에서, 레오 14세 교황님께서는 하느님 창조의 신비와 인간의 역할을 새롭게 성찰하도록 이끌고자 하셨다. 비록 인류가 광대한 우주 속에서 아주 작은 존재처럼 느껴질지라도, 그 안에서 매우 중요한 부분이라고 말씀하시며, 여름 학교의 학생들과 관계자들에게 우주 탐구의 아름다움과 인간 존재의 소중함을 강조하셨다.

23

자연법이라는 나침반

'지도자들의 희년'을 맞아
이탈리아 국회의원들과의 만남에서 행한 담화
2025년 6월 21일 토요일

이탈리아 공화국 총리님과 하원 의장님, 국제의회연맹IPU 의장님과 사무총장님, 학술 기관 대표자들과 종교 지도자 여러분, '정부 인사들과 행정가의 희년'을 맞아 국제의회연맹 모임에서 여러분을 환영하게 되어 매우 기쁩니다. 68개국 대표단의 모든 구성원께 인사드리며, 특히 각국 의회 기관의 의장님들께 특별한 마음을 전합니다.

비오 11세 교황님은 정치 활동을 "가장 높은 형태의 사랑"이라고 정의하셨습니다.[52] 실제로 사회와 공동선을 위한 이 봉사는 결코 이론에 머무르지 않습니다. 그것은 언제나 인간을 향한 하느님의 사랑이 구체적으로 드러나는 표징이자 증거로서, 그리스도의 사랑을 실천하는 행위로 나타납니다.[53]

따라서 오늘 아침, 저는 현재의 문화적 맥락에서 중요하다고 생각하는 세 가지 주제를 여러분과 나누고자 합니다.

첫째, 여러분에게 맡겨진 임무와 연관되는데, 이는 사적인 이익을 넘어 공동체의 이익, 특히 가장 약하고 소외된 이들을 보호하는 공동선을 증진하고 수호하는 일에 관한 것입니다. 예를 들어 소수에게 집중된 부의 불합리한 불균형과 광범위하게 퍼져 있는 빈곤을 극복하기 위한 노력입니다.[54] 극한 상황에 처한 이들은 절규하며 자신의 목소리를 내려고 하지만, 종종 이를 듣는 사람이 없습니다. 이러한 불균형은 불평등을 지속시키며, 쉽게 폭력으로 번지고 결국 전쟁이라는 비극으로 이어질 수 있습니다. 좋은 정치 행위는 자원의 공정한 분배를 촉진하고, 사회적 및 국제적 차원에서 화합과 평화를 증진하는 효과적인 봉사가 될 수 있습니다.

둘째, 종교의 자유와 종교 간 대화에 관한 성찰입니다. 이 분야는 오늘날 더 중요해지고 있습니다. 정치 활동은 진정한 종교의 자유가 보장되고, 다양한 종교 공동체 간에 존중과 건설적 대화가 발전하는 조건을 만드는 데 기여할 수 있습니다. 하느님께

대한 믿음과 그로부터 비롯되는 긍정적 가치들은 개인과 공동체의 삶에서 선익과 진리의 원천이 됩니다. 아우구스티노 성인은 '자기애amor sui', 즉, 이기적이고 폐쇄적이며 파괴적인 자기 사랑에서 '하느님께 대한 사랑amor Dei', 곧 하느님을 중심으로 한 무조건적이고 이타적인 사랑으로의 전환이 인간의 근본적 변화라고 말합니다. 그리고 이것이 '신국civitas Dei', 즉 사랑을 근본법으로 하는 사회를 건설하는 데 필수적인 요소라고 했습니다.[55]

정치 활동에서 일치된 기준점을 얻기 위해서는 의사 결정 과정에서 초월적인 요소를 선험적으로 배제하기보다 오히려 이를 고려하는 것이 모든 이를 하나로 결속시키는 요소를 찾는 데 도움이 될 것입니다. 이를 위한 필수적인 기준은 바로 자연법입니다. 자연법은 인간의 손으로 쓰인 것이 아니며, 보편적이고 모든 시대에 유효한 것으로서 가장 설득력 있고 타당한 근거를 바로 자연 그 자체에서 찾을 수 있습니다.

자연법의 권위 있는 해석자였던 키케로는 《국가론》에서 이렇게 말했습니다. "자연법은 올바른 이성이며, 본성에 부합하고, 보편적이며, 일관되고 영원하다. 그것은 명령으로 의무를 행하도록 촉구하고, 금지로써 악에서 벗어나게 한다. …… 이 법을 수정하거나 일부를 제거하거나 완전히 폐지하는 것은 허용되지 않는다. 원로원이나 국민을 통해서도 이를 벗어날 수 없으며, 주석자나 해석자를 찾을 필요도 없다. 로마에 하나의 법이 있고, 아테네에 하나의 법이 있으며, 지금 하나의 법이 있고, 나중에 하나의 법이 있는 것이 아니라, 하나의 영원하고 불변하는 법이 모든 시대의 모든 민족을 다스릴 것이다."[56]

논쟁의 여지가 있는 다른 의견들과는 달리 보편적으로 유효한 자연법은 입법과 행동에 있어서, 특히 오늘날 더욱 절실히 제기되는 개인의 내밀한 영역을 다루는 섬세한 윤리적 문제들에 대해서 방향을 제시하는 나침반 역할을 합니다.

1948년 12월 10일, 유엔이 승인하고 선포한 세계 인권 선언은 이미 인류 문화유산의 중요한 부분입니다. 시대를 초월해 유효한 이 문서는 누구도 침해할 수 없는 인간의 온전한 존엄성을 진리 탐구의 기초로 삼아, 자신의 내면과 양심의 요구가 존중받지 못한다고 느끼는 사람들이 존엄성을 회복하는 데 기여할 수 있습니다.

이제 세 번째로 넘어가겠습니다. 우리 세계가 도달한 문명의 수준과 여러분이 달성해야 할 목표는 오늘날 '인공 지능'이라는 큰 도전에 직면해 있습니다. 이는 사회에 확실히 큰 도움이 될 발전이지만, 그 사용은 인간의 정체성과 존엄성, 그리고 근본적인 자유를 훼손하지 않는 한도 내에서만 이루어져야 합니다. 특히 인공 지능이 인간을 축소하거나 인간을 정복하기 위한 것으로 정의하는 데 사용되어서는 안 되며, 인간 존재의 선익을 위한 도구라는 점을 명심해야 합니다. 사실 새로운 시나리오 속에서 인공 지능은 건강하고 공정하며 안전한 삶의 방식을 계획하는 데 많은 주의와 미래 지향적인 안목을 요구하는 중대한 도전입니다. 특히 젊은 세대의 선익에 있어 더욱 그렇습니다.

개인의 삶은 알고리즘보다 훨씬 더 귀중하며, 사회적 관계는 영혼 없는 기계가 미리 만들어 낼 수 있는 제한된 틀을 넘어서는 인간적인 공간이 필요합니다. 인공 지능이 수백만 개의 데이터를 저장하고, 몇 초 안에 수많은 질문의 답을 제시할 수 있다 하더라도 그것은 인간 남녀의 기억과는 전혀 비교할 수 없는 '계량적 기억'에 불과합니다. 반면에 인간의 기억은 창의적이고 역동적이며 생산적인 것으로, 과거와 현재와 미래를 아우르며 의미를 탐구하는 활기차고 풍요로운 여정이며, 그로부터 비롯되는 모든 윤리적이고 실존적인 함의를 포함하고 있습니다.[57]

정치는 이러한 중대한 도전을 외면할 수 없습니다. 정치는 새로운 디지털 문화의 도전에 대해 신뢰와 우려를 동시에 가진 많은 시민들에게 응답할 책임이 있습니다.

요한 바오로 2세 성인 교황님은 2000년 대희년을 맞아 정치인들에게 본받아야 할 증인이자 그들의 헌신을 보호할 전구자로서 토마스 모어 성인을 제시하셨습니다. 실제로 토마스 모어 성인은 시민으로서의 책임에 충실한 인물이었으며, 자신의 신앙으로써 국가의 완벽한 봉사자가 될 수 있었습니다. 그는 정치를 직업이 아니라 진리와 선의 성장을 위한 사명으로 여겼습니다. 그는 "자신의 공적 활동을 특히 약하고 가난한 사람들을 위한 봉사에 바쳤으며, 탁월한 정의감으로 사회적 논쟁을 다루었고, 가족을 보호하고 힘써 변호했으며, 청년들의 전인적 교육을 증진시켰다."[58]라고 합니다. 진리를 배신하지 않기 위해 자신의 목숨까지 바친 그의 봉기는 오늘날에도 자유와 양심의 최고성을 보여 주는 순교자로 남아 있습니다. 그분의 모범이 여러분 각자에게 영감과 계획의 원천이 되기를 바랍니다.

존경하는 신사 숙녀 여러분, 방문해 주셔서 감사합니다. 여러분의 헌신에 최선의 성공이 함께하고, 가정에 천상의 축복이 가득하기를 기도하겠습니다.

여러분 모두에게 진심으로 감사드리며, 하느님께서 여러분과 여러분의 일을 축복하시기를 바랍니다. 감사합니다.

"정치 활동은 가장 높은 형태의 사랑."

레오 14세 교황님은 비오 11세 교황님의 말씀을 시작으로 현대 세계에서 정치인들이 취해야 할 태도와 역할을 설명하셨다. 그리고 연설을 마무리하며 토마스 모어 성인이 보여 준 신앙인이자 정치인으로서의 모범을 본받도록 권고하셨다. 곧 진리를 위해 자신의 목숨까지 바친 토마스 모어 성인의 순교자적 용기는 오늘날에도 자유와 양심의 최고성을 보여 주는 귀감이 된다.

교황님은 정치인들에게 세 가지 사항을 고려하여 활동할 것을 당부하셨다. 첫째는 공동선을 위한 정치 활동이다. 경제적 차원에서 심각한 양극화 문제, 극소수에게 부가 편중되고 다수가 극도의 빈곤에 처한 심각한 양극화 문제를 극복하기 위해 봉사해 줄 것을 당부하셨다.

둘째는 종교의 자유와 종교 간 대화에 대한 문제다. 이 부분에 대해서 교황님은 자연법의 가치를 재발견하여 세계 인권 선언에서도 천명되어 있는 인간의 기본권이 보장되는 사회가 되도록 노력해 줄 것을 부탁하셨다.

셋째는 인공 지능에 대한 문제다. 인류 사회가 심각한 위험에 처할 수 있는 이 문제와 관련해 인공 지능은 인간의 정체성과 존엄성을 축소하거나 정복하기 위한 수단이 아니라 인간을 위한 도구라는 점을 깊이 고려할 것을 당부하셨다.

24

희망을 증진시키기 위한 빵의 나눔

> 지극히 거룩하신 그리스도의 성체 성혈 대축일의
> 미사와 성체 행렬, 성체 강복
> 2025년 6월 22일 일요일

사랑하는 형제자매 여러분, 예수님과 함께하는 일만큼 참으로 아름다운 것이 어디 있을까요? 방금 선포된 복음 말씀이 이를 증언합니다. 오늘 복음은 수많은 군중이, 하느님 나라를 선포하시고 병든 이들을 고쳐 주시는 예수님 곁에서 몇 시간이고 머물렀다고 전합니다(루카 9,11 참조). 고통받는 이들을 가엾이 여기는 예수님의 연민은 우리를 구원하시려고 이 세상에 오신 하느님의 사랑 가득한 친밀함을 드러냅니다. 하느님께서 다스리시는 곳에서 인간은 모든 악에서 해방됩니다.

하지만 예수님으로부터 기쁜 소식을 받는 이들에게도 시련의 때는 어김없이 찾아옵니다. 그 메마른 벌판에서 스승의 말씀에 귀 기울이던 군중 앞에 어스름이 내리자 주변에는 먹을거리 하나 보이지 않았습니다(루카 9,12 참조). 군중의 허기와 일몰은 이 세상과 모든 피조물 위에 드리워진 한계의 표징입니다. 사람의 생명도 하루와 같아서 언젠가는 끝이 납니다. 바로 그 시간, 궁핍과 어둠이 엄습하는 그 순간에도 예수님께서는 우리 곁을 떠나지 않으십니다.

해가 지고 굶주림은 더해 가는데 제자들까지 나서서 사람들을 돌려보내자고 청합니다. 바로 그때 그리스도께서 당신의 자비로 우리를 깜짝 놀라게 하십니다. 예수님께서는 굶주린 사람들을 가엾게 여기시며 당신 제자들에게 그들을 돌보라고 하십니다. 배고픔은 하느님 나라 선포와 구원의 증거와 동떨어진 욕구가 아닙니다. 오히려 이 굶주림이야말로 하느님과 우리가 맺는 관계의 핵심을 건드립니다. 그런데 빵 다섯 개와 물고기 두 마리로 어떻게 이 많은 사람을 다 먹이겠습니까? 제자들의 계산은 얼핏 그럴듯해 보이지만, 실상은 그들의 얕은 믿음만 드러낼 뿐입니다. 예수님과 함께하면 우리 삶에 힘과 의미를 주는 모든 것이 거기 있기 때문입니다.

간절한 굶주림의 호소에 예수님께서는 나눔의 표징으로 응답하십니다. 하늘을 '우러러'보시고 '축복하신' 다음, 빵을 '떼어' 제자들에게 '주시며' 모든 군중에게 나누어 주라고 하십니다(루카 9,16 참조). 주님의 이 몸짓은 복잡한 마법 의식이 아닙니다. 오히려 아버지께 드리는 순박한 감사와 그리스도의 자녀다운 기도, 성령께서 북돋우시는 형제적 친교를 증언하는 것입니다. 예수님께서는 빵과 물고기를 많게 하시려고 군중이 가진 것을 나누어 주십니다. 그렇게 하시니 모든 사람이 먹기에 충분했을 뿐만 아니라 먹고 남은 것도 많았습니다. 모두 배불리 먹은 후에 남은 조각을 모으니 열두 광주리나 되었습니다(루카 9,17 참조).

이것이 바로 굶주린 백성을 구원하는 하느님의 논리입니다. 예수님께서는 하느님의 방식으로 일하시며 우리도 그렇게 하라고 가르치십니다. 오늘 복음에서 우리가 기억하는 군중과는 다르게 자신의 배고픔보다 오히려 다른 이의 탐욕 때문에 짓밟히는 사람이 많습니다. 많은 이가 비참하게 사는데 소수가 재물을 쌓아 두는 것은 무관심한 교만의 표징입니다. 이것이 고통과 불의를 낳습니다. 나누기는커녕 풍요로움이 땅의 열매와 인간이 흘린 땀의 결실을 헛되이 낭비합니다. 특히 이 희년에 주님께서 보여 주신 모범은 우리가 행동하고 봉사할 때 따라야 할 긴급한 기준이 됩니다. 빵을 나누고 희망을 키우며 하느님 나라가 다가옴을 선포하는 것입니다.

예수님께서는 군중을 굶주림에서 구하심으로써 모든 이를 죽음에서 구원하실 것이라고 선포하십니다. 이것이 바로 우리가 성찬례에서 거행하는 신앙의 신비입니다. 굶주림이 우리 삶의 근본적 궁핍을 드러내는 표징인 것처럼, 빵을 떼어 나누는 것은 구원이라는 하느님 선물의 표징입니다.

사랑하는 여러분, 그리스도야말로 인간의 굶주림에 대한 하느님의 응답이십니다. 그분의 몸이 영원한 생명의 빵이기 때문입니다. "너희는 모두 이것을 받아먹어라!" 예수님의 초대는 우리의 일상 체험을 모두 아우릅니다. 우리는 살기 위해 식물과 동물의 생명을 취하여 그것으로 몸을 길러 나갑니다. 그런데 죽은 것을 먹는다는 사실은 아무리 많이 먹어도 우리 역시 죽을 수밖에 없음을 일깨워 줍니다.

하지만 살아 있고 참된 빵이신 예수님으로 우리 자신을 길러 나갈 때, 우리는 그분을 위해 살아가게 됩니다. 십자가에 못 박히시고 부활하신 주님께서는 당신 자신을 온전히 바치심으로써 우리에게 당신 자신을 내어 주십니다. 이렇게 우리는 하느님으로 자기 자신을 길러 나가도록 창조되었음을 깨닫게 됩니다. 배고파 하는 우리의 본성은 성찬례의 은총으로 채워지는 궁핍의 표징을 간직하고 있습니다. 아우구스티노 성인이 말씀하신 것처럼, 그리스도께서는 참으로 "전혀 모자람 없이 우리를 기르시는 빵이시고 결코 고갈되지 않게 먹을 수 있는 빵"[59]이십니다. 사실 성찬례는 구세주의 참되고 실재적이고 실체적인 현존입니다.[60] 빵을 당신 자신으로 변화시켜 우리를 그분 안에서 변화시켜 주십니다. 살아 있고 생명을 주는 주님의 몸이 우리를, 곧 교회 자체를 주님의 몸이 되게 합니다.

그러므로 바오로 사도의 말씀에 따라(1코린 10,17 참조), 제2차 바티칸 공의회는 이렇게 가르칩니다. "성찬의 빵을 나누는 성사로 그리스도 안에서 한 몸을 이루는 신자들의 일치가 표현되고 실현된다. 모든 사람이 세상의 빛이신 그리스도와 이렇게 일치되도록 불리었으며, 우리는 그리스도에게서 나와 그리스도를 통하여 살며 그리스도께 나아가고 있다."[61]

잠시 후 우리가 시작할 성체 행렬이 바로 이러한 여정의 표징입니다. 목자들과 양 떼가 함께 어우러지고, 우리는 지극히 거룩한 성체로 양분을 받고, 성체를 경배하며 성체를 모시고 거리로 나갑니다. 그렇게 함으로써 성체를 사람들의 눈과 양심과 마음에 내보입니다. 믿는 이들의 믿음이 더 굳건해지도록, 믿지 않는 이들은 우리 영혼이 품고 있는 굶주림과 영혼을 만족시킬 수 있는 빵에 대해 성찰하도록 믿지 않는 이의 마음에 성체를 내보입니다.

하느님께서 주시는 양식으로 기운을 차린 우리는 모든 이의 마음에 예수님을 전합니다. 예수님께서 모든 이를 구원 사업에 참여시키시고, 각자를 당신의 식탁에 참여하도록 초대하시기 때문입니다. 이 사랑의 증인이 되도록 초대받은 이들은 복됩니다!

"그리스도야말로 인간의 굶주림에 대한 하느님의 응답이십니다."

교황님은 지극히 거룩하신 성체 성혈 대축일에 라테라노 대성전에서 미사를 집전하시고, 성광에 예수님을 모셔 로마의 성모 마리아 대성전까지 성체 행렬을 이끌고 가셨다. 기온이 약 35도에 이르는 무더운 날씨에 성체를 바라보시며 거리를 걸으시던 교황님의 모습은 사람들 사이에 오신 예수님의 모습을 보는 듯했다.

교황님은 이 시대의 심각한 문제, 탐욕이 부른 지나친 빈부 격차에 신음하는 사람들을 언급하셨다. 탐욕 때문에 짓밟히고 있는 사람들이 많다는 것이다. 그러나 교황님은 인간의 배고픔에 대한 해답이 그리스도라는 점을 분명히 밝히시면서 물질적 차원의 배고픔만이 아니라 인간의 근본적 갈망과 영혼의 굶주림에 대한 답을 제시하고자 하셨다. 우리 영혼이 품고 있는 굶주림과 영혼을 만족시킬 수 있는 빵이신 성체,

예수 그리스도야말로 인간의 궁극적 굶주림에 대한 답이라는 것이다. 교황님은 아우구스티노 성인의 말씀을 인용하시면서 인간의 궁극적 배고픔에 대한 답으로서 그리스도를 제시하셨다. "그리스도께서는 참으로 전혀 모자람 없이 우리를 기르시는 빵이시고 결코 고갈되지 않게 먹을 수 있는 빵이십니다."

25

예수 성심으로 사랑하는 것

신학생들의 희년을 맞아 신학생들을 대상으로 한 묵상 말씀
2025년 6월 24일 화요일

감사합니다. 모든 분들께 감사드립니다. 성부와 성자와 성령의 이름으로. 평화가 여러분과 함께! 존경하는 추기경님들, 주교님들, 양성 책임자들, 그리고 특히 신학생 여러분, 모두 안녕하세요!

여러분을 만나니 참으로 기쁩니다. 신학생과 양성 책임자 여러분, 이렇게 뜨거운 마음으로 함께해 주서서 감사합니다. 무엇보다 여러분의 기쁨과 열정에 감사드립니다. 여러분이 지닌 그 생명력은 교회 안에 희망의 불꽃을 지펴 주고 있습니다.

오늘 여러분은 '순례자'일 뿐만 아니라 '희망의 증거자'이기도 합니다. 쉽지 않은 이 시대에 사제 성소라는 매력적인 모험에 몸을 맡긴 여러분이야말로 저와 모든 이에게 희망을 증거하고 계십니다. 여러분은 구원하는 말씀을 온유하면서도 힘 있게 선포하는 이, 열린 교회와 나아가는 선교 교회의 봉사자가 되라는 부르심을 받아들였습니다.

스페인어로도 한말씀 드리겠습니다. 주님을 따르고, 제자가 되고, 신학교에 들어가라는 주님의 초대를 용감하게 받아들여 주셔서 감사드립니다. 용기를 내십시오. 두려워하지 마십시오!

여러분은 자신을 부르시는 그리스도께 겸손과 용기로 "예."라고 응답하셨습니다. 여러분이 주님께 말씀드린 "저 여기 있습니다."라는 응답은 교회의 삶 안에 싹을 틔우고, 식별과 양성의 필수적인 여정과 함께 자라나고 있습니다.

여러분도 잘 아시다시피 예수님께서는 무엇보다 여러분이 당신과 우정을 나누며, 산으로 불러 곁에 두신 제자들과도 우정을 나누는 삶을 살도록 부르고 계십니다(마르 3,13 참조). 이 우정의 체험은 사제품을 받은 뒤에도 끊임없이 자라나며 삶의 모든 영역을 아우릅니다. 여러분 가운데 그 누구도 버려질 사람은 없습니다. 오히려 모든 것이 받아들여져야 하고, 밀알의 논리 안에서 변화되어야 합니다. 그리하여 여러분에게 다가오는 모든 이가 그리스도를 만나는 데 걸림돌이 아니라 "다리"가 되는, 행복한 사람이요 행복한 사제가 되어야 합니다. 그렇습니다. 우리가 예수님의 성심을 닮은 목자가 될 수 있도록, 주님께서는 커지시고 우리는 작아져야 합니다.[62]

예수 그리스도의 성심과 관련해 사랑하는 프란치스코 교황님께서 우리에게 주신 회칙 〈그리스도께서 우리를 사랑하셨습니다〉를 어찌 잊을 수 있겠습니까?[63] 바로 지금 여러분이 살아가는 이 시기, 곧 양성과 식별의 시기에 여러분 여정 전체의 "원동력"이자 중심에 눈길을 돌리는 일이 중요합니다. 바로 마음입니다! 신학교는 어떤 모습이든 사랑하는 이들의 학교가 되어야 합니다. 특히 오늘날처럼 갈등과 자기중심주의가 깊이 스며든 사회 문화 속에서 우리는 예수님처럼 사랑하는 법을 배워야 합니다.[64]

그리스도께서 인간의 마음으로 사랑하셨듯이[65], 여러분도 그리스도의 성심으로 사랑하도록 부름받았습니다. 예수님의 마음으로 사랑하라는 것입니다. 하지만 이 사랑의 기술을 익히려면 자신의 내면을 가꾸는 일부터 해야 합니다. 우리의 내면은 하느님께서 당신 목소리를 들려주시고 가장 깊은 결정을 내리는 곳이지만, 동시에 긴장과 갈등이 일어나는 곳이기도 합니다(마르 7,14-23 참조). 인간성 전체가 복음의 향기를 풍기도록 회개가 이루어져야 할 곳이기도 합니다. 그러므로 첫 번째 작업은 바로 내면에서 시작해야 합니다. 하느님의 발자취를 다시 발견할 수 있는 마음으로 돌아가라고 하신 아우구스티노 성인의 권고를 깊이 새기십시오. 마음속 깊이 내려간다는 것이 때로는 우리를 두렵게 할 수 있습니다. 마음속에는 상처도 있기 때문입니다. 마음의 상처를 돌보는 것을 두려워하지 마십시오. 도움받는 것을 마다하지도 마십시오. 바로 그 상처에서 고통받는 이들 곁에 머물 수 있는 힘이 생겨나기 때문입니다.

내면의 삶 없이는 영성 생활도 불가능합니다. 하느님께서 바로 그곳, 마음 안에서 우리에게 말씀하시기 때문입니다. 하느님께서 마음 안에서 우리에게 말씀하시기에 우리는 그분의 말씀을 들을 줄 알아야 합니다. 이 내면 작업에는 마음의 움직임을 알아차리는 법을 배우는 훈련도 포함됩니다. 젊은이들의 마음의 특징인 빠르고 즉각적인 감정뿐만 아니라, 더 중요하게는 삶의 방향을 발견하도록 도와주는 감정을 헤아려야 합니다. 여러분이 자신의 마음을 아는 법을 배운다면, 점점 더 진실한 사람이 될 것이고 가면을 쓸 필요도 없을 것입니다.

그리고 우리를 내면으로 이끄는 특별한 길은 바로 기도입니다. 서로 지나치게 연결된 이 시대에서 우리는 침묵과 고독을 체험하기가 갈수록 어려워지고 있습니다. 주님과 만나지 못하면 우리 자신을 진정으로 알 수도 없습니다.

저는 여러분이 성령께 자주 기도하여 자연과 예술, 시, 문학[66], 음악과 일반 학문[67]의 목소리를 경청함으로써 하느님의 현존을 깨달을 수 있는 온순한 마음을 여러분 안에 빚어 가기를 권고합니다. 신학 공부에 온 마음을 다하는 가운데서도 열린 마음과 열린 정신으로 인공 지능과 '소셜 미디어'[68]의 새로운 도전 같은 문화의 목소리에도 귀 기울이는 법을 배우십시오. 무엇보다도 예수님께서 그러하셨듯이, 종종 침묵에 파묻혀 있는 보잘것없는 이와 가난한 이, 억눌린 이와 많은 이, 특히 삶의 의미를 찾는 젊은이들의 부르짖음에 귀 기울일 줄 알아야 합니다.

매일 침묵과 묵상, 기도 시간으로 여러분의 마음을 돌보면 식별의 기술을 배울 수 있습니다. 이것 역시 중요한 작업입니다. 이는 곧 식별하는 법을 배우는 작업입니다. 젊을 때는 수많은 열망과 꿈, 많은 야망을 마음에 품게 됩니다. 마음이 종종 복잡해지고 혼란을 느낄 때가 많습니다. 하지만 동정 성모님의 모범을 따라 우리 내면이 마음을 지키고 묵상할 수 있는 그릇이 되어야 합니다. 루카 복음사가가 표현한 바와 같이(루카 2,19.51 참조) '신발레인(synballein, 마음속에 간직하다 - 편집자 주)'의 역량, 곧 생각의 조각들을 하나로 모으는 역량이 필요합니다.[69] 피상적인 것을 경계하고, 삶의 조각들을 기도와 묵상 안에서 하나로 모으면서 스스로에게 이렇게 물어보십시오. 내가 지금 살아가는 이 삶이 나에게 무엇을 가르쳐 주는가? 내 여정에 대해 무엇을 말하고 있는가? 주님께서는 나를 어디로 이끌고 계시는가?

사랑하는 여러분, 예수님처럼 온유하고 겸손한 마음을 지니십시오(마태 11,29 참조). 바오로 사도의 모범을 따라(필리 2,5 이하 참조), 그리스도께서 품으셨던 바로 그 마음을 여러분 안에 간직하여 인간적 성숙, 특히 정서적 성숙과 관계의 성숙에 이르시기를 바랍니다. 신학교 시절부터 인간적 성숙에 힘을 쏟고, 모든 기식과 위선을 물리치는 것은 중요할 뿐 아니라 꼭 필요한 일입니다. 예수님을 바라보면서, 슬픔과 두려움, 괴로움과 분노에도 이름을 붙이고 목소리를 내는 법을 배우고, 이 모든 것을 하느님과의 관계 속으로 가져오십시오. 위기와 한계, 연약함은 숨겨야 할 것이 아니라, 오히려 은총과 파스카 체험을 위한 기회입니다.

때때로 배은망덕한 일과 권력욕이 넘쳐나고, 많은 경우 버리고 내치는 논리가 지배하는 이 세상에서, 여러분은 그리스도의 감사와 무상성, 기쁨과 환희, 예수 성심의 온유한 사랑과 자비를 증거하도록 부름받았습니다. 사제품을 받기 전에 성령께서 여러분의 인간성에 "기름을 부어 주시도록" 내어 맡기면서 환대와 친밀함, 너그럽고 사심 없는 봉사의 삶을 실천하도록 하십시오.

그리스도의 성심은 끝없는 연민으로 약동하고 있습니다. 인류의 착한 사마리아인이신 주님께서는 우리에게 이렇게 말씀하십니다. "가서 너도 그렇게 하여라."(루카 10,37) 주님의 연민이 말씀이신 주님의 빵을 떼어 군중을 위해 나누어 주도록 이끌고(마르 6,30-44 참조), 주님께서는 당신 자신을 먹을 양식으로 내어 주신 다락방과 십자가의 몸짓을 미리 보여 주시면서 우리에게 이렇게 말씀하십니다. "너희가 그들에게 먹을 것을 주어라."(마르 6,37) 다시 말해 여러분의 생명을 사랑의 선물로 만들라는 뜻입니다.

사랑하는 신학생 여러분, 성령의 도우심을 받는 어머니 교회의 지혜는 시간의 흐름 속에서 언제나 각 지역의 필요에 따라 성직자 양성에 더 알맞은 방법을 찾아왔습니다. 이런 과업에서 여러분의 몫은 무엇입니까? 결코 소극적으로 행동하지 말고, 현실에 안주하지 말며, 그저 수동적으로 받기만 할 것이 아니라, 사제 생활에 열정을 품고 현재를 살아가며 예언자적 마음으로 미래를 내다보는 것입니다. 우리의 만남이 여러분 각자로 하여금 주님과의 인격적인 대화를 더욱 깊게 만드는 데 도움이 되길 바랍니다. 그 대화에서 주님께 그리스도의 감정과 당신 성심의 감정에 더욱 동화되게 해 달라고 청하십시오. 주님의 성심은 여러분과 온 인류를 위한 사랑으로 약동하고 있습니다. 좋은 여정이 되길 바랍니다! 저의 축복으로 여러분과 함께합니다.

사랑하는 신학생 여러분, 신학생들의 희년을 맞아 오늘 아침 저는 양성 여정에서 여러분을 동반하는 사제들과 더불어 여러분과 함께할 수 있어 기쁩니다. 여러분은 세계 곳곳의 다양한 교회에서 왔고 저마다 다른 삶을 살아왔지만, 주님 안에서 우리는 모두 하나인 몸을 이루고 있습니다(에페 4,4 참조). 오늘 베드로 사도의 무덤 위에서, 그분의 후계자인 저와 함께 여러분은 세례 때 고백했던 신앙을 장엄하게 새롭게 선언합니다. 이 신경이야말로 여러분이 사제품을 받는 날 기쁘게 말하게 될 "저 여기 있습니다."라는 응답을 싹틔울 뿌리입니다. 여러분 안에서 당신이 일을 시작하신 하느님께서 그 일을 완성까지 이끄시길 빕니다.

기도합시다. 아버지, 이 희년에 당신 교회에 구원의 길을 열어 주시고, 저희의 선한 결심을 받아들이시며 복음의 참된 증거자가 되고자 저희 삶을 당신께 바치려는 저희 소망을 들어주소서. 성령의 은총으로 저희 발걸음을 이끄시어 천상 예루살렘에서 당신의 얼굴을 뵈올 복된 희망에 이르게 하소서. 그곳에서 당신의 나라는 충만하고 온전하게 이루어질 것이며 모든 것이 당신의 아드님 그리스도 안에서 완성되옵나이다. 성자께서는 성부와 성령과 함께 영원토록 살아 계시며 다스리시나이다.

여러분 모두에게 큰 축하를 드리며 희망에 찬 순례 여정이 되시기를 빕니다!

"예수님과 나누는 우정의 삶은 사제품 이후에도 모든 영역에서 자라나며 아우른다."

　교황님은 신학생들이 사제직을 준비하며 되새겨야 할 많은 지침들을 주셨는데 그 모든 것은 예수님과의 친밀한 우정, 관계 형성에서 출발하는 것이다. 예수님과 맺는 이 우정의 친밀한 관계가 없다면 모든 것은 쉽게 무너지고 말 것이다. 그렇기 때문에 신학생들은 온유하고 겸손한 마음을 지니신 예수님을 닮아야 한다. 바오로 사도의 모범을 따라 그리스도께서 품으셨던 바로 그 마음을 닮고 예수님을 바라보면서, 슬픔과 두려움, 괴로움과 분노 등 모든 것을 하느님과의 관계 안에서 대해야 하는 것이다.

26

보이지 않는 분을 보는 것

'주교들의 희년'을 맞아 주교들을 대상으로 한 묵상
2025년 6월 25일 수요일

성부와 성자와 성령의 이름으로. 평화가 여러분과 함께! 존경하는 형제 주교님들, 안녕하세요. 환영합니다. 바쁜 사목 일정에도 순례자로 로마에 오신 여러분의 열정에 깊이 감사드리고 존경합니다. 사목적 요구가 얼마나 절박한지 저도 잘 압니다. 그러나 저와 마찬가지로 여러분 각자는 목자이기 전에 주님 양 떼의 한 마리 양입니다! 그러므로 우리야말로 구세주이신 그리스도를 상징하는 희년의 성문을 통과하도록 초대받은 첫 번째 사람들입니다. 우리에게 맡겨진 교회를 인도하려면 착한 목자이신 그분께 우리 자신을 온전히 맡겨 근본적으로 새로워져야 하고, 그분의 마음과 그분 사랑의 신비에 완전히 일치해야 합니다. "희망은 우리를 부끄럽게 하지 않습니다."(로마 5,5) 프란치스코 교황님께서는 바오로 사도의 이 말씀을 수없이 되풀이하셨습니다. 이 말씀은 그분의 모토가 되었고, 2025년 정기 희년 선포 칙서의 시작 문구 incipit로 선택하셨습니다.

우리 주교들은 이 예언적 유산의 첫 번째 상속자로서 말과 증거를 통해 이를 지키고 하느님 백성에게 전해야 합니다. 희망이 우리를 실망시키지 않는다고 선포하는 것은 때로 시류에 역행하는 일처럼 보이기도 합니다. 심지어 도저히 출구가 없어 보이는 고통스러운 상황이 눈앞에 있어도 그렇습니다. 바로 그런 순간에 우리의 믿음과 희망이 우리에게서가 아니라 하느님에게서 온다는 것을 가장 분명히 드러낼 수 있습니다. 우리가 진정 서로 가까이 머물며 고통받는 이들과 연대한다면, 성령께서는 이제 거의 꺼져 가는 불꽃마저도 우리 마음속에 다시 살려 주실 것입니다.[70]

목자는 하느님께 굳건히 뿌리내리고 교회를 섬기는 데 온전히 헌신하는 삶의 모범으로 희망의 증인이 됩니다. 이는 목자가 개인적인 삶과 사도적 사목에서 그리스도와 하나가 될 때 이루어집니다. 그러면 주님의 영께서 그의 사고방식과 감정, 행동 방식에 구체적 형체를 부여하십니다. 이 증거를 특징짓는 몇 가지 특성을 함께 살펴봅시다.

우선, 주교는 자신에게 맡겨진 개별 지역 교회 안에서 '일치의 가시적 원리principio visibile di unità'입니다. 주교는 교회가 모든 구성원 사이의 친교와 보편 교회와의 친교 안에서 세워지도록 이끌어야 하며, 다양한 은사와 직무들이 어우러져 함께 성장하고 복음을 널리 전할 수 있도록 해야 합니다. 주교는 이 봉사와 자신의 모든 사명을 수행할 때 주교 서품을 통해 자신에게 부여된 특별한 하느님의 은총에 의지할 수 있습니다. 이 은총이 주교를 신앙의 교사, 거룩하게 하는 자, 영적 지도자로 세워 주며 복음의 힘으로 역사를 변화시키려는 하느님 나라와 사람들의 영원한 구원에 대한 헌신을 불러일으킵니다.

두 번째로 고려하고자 하는 측면은, 항상 목자의 삶을 형성하시는 그리스도에서 출발하여 다음과 같이 정의하고 싶습니다. 즉, 주교는 '대신덕(향주덕)을 살아 내는 사람uomo di vita teologale'입니다. 말하자면 자신에게 믿음과 희망과 사랑을 불어넣고 다양한 실존적 상황에서 불꽃처럼 이를 키워 주는 성령의 활동에 온전히 순종하는 사람입니다.

주교는 '믿음의 사람uomo di fede'입니다. 히브리인들에게 보낸 서간의 놀라운 한 구절이 떠오릅니다. 이 서간의 저자는 아벨부터 시작하여 믿음의 "증인들"에 대한 긴 목록을 작성합니다(히브 11 참조). 특히 하느님의 부르심을 받아 하느님 백성을 약속의 땅으로 인도한 모세를 생각해 봅시다. 서간 본문에 따르면 모세는 믿음으로써, "보이지 않으시는 분을 보고 있는 사람처럼 굳건히 견디어"(히브 11,27) 냈습니다. 믿음의 사람의 이 모습이 얼마나 아름다운지요! 하느님의 은총으로 앞을 내다보고 목적지를 바라보며 시련 속에서도 굳건히 서 있는 사람입니다. 모세가 하느님 앞에서 백성을 위해 중재했던 때를 생각해 봅시다. 그렇습니다. 주교는 교회 안에서 중재자입니다. 성령께서 그의 마음속에 믿음의 불꽃을 살아 있도록 유지하시기 때문입니다.

같은 관점에서 주교는 '희망의 사람uomo di speranza'입니다. 왜냐하면 "믿음은 우리가 바라는 것들의 보증이며 보이지 않는 실체들의 확증"(히브 11,1)이기 때문입니다. 특히 하느님 백성의 여정이 힘들어질 때, 목자는 주님을 향한 덕(향주덕)을 통해 그들이 절망하지 않도록 돕습니다. 말뿐만이 아니라 친밀함으로 그렇게 합니다. 과도한 부담을 지고 있는 가정이 공공 기관의 적절한 지원을 받지 못할 때, 젊은이들이 허황된 메시지에 실망하고 지쳐 있을 때, 노인과 중증 장애인들이 버림받았다고 느낄 때 비록 즉각적인 해결책을 내놓지는 않더라도 주교는 그들과 가까이 머물면서 단순함과 나눔으로 복음을 실천하려 애쓰는 공동체의 경험을 함께 나눕니다.

이처럼 주교의 믿음과 희망은 그를 '사목적 사랑의 사람uomo caritàpastorale'이 되게 합니다. 주교가 살아가는 모든 일상과 그가 펼치는 다양한 사목 활동이 아우구스티노 성인이 말한 "사랑의 직무amoris officium" 안에서 하나로 어우러집니다. 여기서 주교의 신학적 존재가 온전히 드러나고 빛을 발합니다. 설교에서, 공동체 방문에서, 사제와 부제들의 이야기를 경청하는 일에서, 행정적 선택에서 목자이신 예수 그리스도의 사랑으로 모든 것이 활기를 띠고 동력을 얻습니다. 주교는 매일의 성찬례와 기도에서 길어 올린 은총으로 보좌 주교나 부주교, 전임 주교와 인근 교구의 주교들, 가장 가까운 협력자들과 어려움에 처하거나 병든 사제들에게 형제적 사랑의 모범을 보여 줍니다. 주교는 언제나 열려 있고 따뜻하게 맞아들이는 마음을 지녀야 합니다. 주교관도 그와 같아야 합니다.

친애하는 형제 주교 여러분, 이것이 바로 목자로 사는 삶의 신학적 뿌리입니다. 이 뿌리를 중심으로, 항상 같은 성령의 영감을 받아 주교에게 꼭 필요한 다른 덕목들을 제시하고자 합니다. 사목적 신중함, 청빈, 독신 생활에서의 완전한 금욕, 그리고 인간적 덕목들입니다.

'사목적 신중함prudenza pastorale'은 주교가 결정을 내리고,

교구를 이끌며, 신자들 혹은 그들의 단체와 만날 때 등불이 되는 실천적 지혜입니다. 신중함이 드러나는 분명한 모습은 사람들과의 만남에서, 또한 각종 참여 기구를 이끌 때, 곧 개별 교회 안에서 시노달리타스를 실현할 때 대화를 삶의 방식과 방법론으로 삼는 것입니다. 이러한 측면에서 프란치스코 교황님께서는 교육적 지혜를 바탕으로 시노달리타스를 교회 생활의 한 차원으로 강조하시어 우리가 큰 발걸음을 내딛도록 이끌어 주셨습니다. 사목적 신중함은 주교가 교구 공동체의 전통을 아끼는 동시에 새로운 길과 새로운 시도를 격려함으로써 교구 공동체를 슬기롭게 인도할 수 있게 해 줍니다.

또한 목자들은 주 예수님을 증거하기 위해서 '복음적 청빈 povertàevangelica'을 살아 냅니다. 주교는 단순하고 절제하며 인품이 너그럽고, 품위가 있으면서도 교구 신자 대다수의 형편과 잘 어울리는 사람입니다. 가난한 이들이 주교를 아버지와 형제처럼 느껴야 하며, 주교를 만나거나 주교관을 드나들 때 불편함을 느껴서는 안 됩니다. 주교는 개인적으로 물질적 부와 거리를 두며, 물질적 부나 다른 형태의 권력에 근거한 특혜에 굴복하지 않아야 합니다. 주교는 예수님처럼 성령으로 기름 부음을 받고 가난한 이들에게 복음을 전하도록 파견되었음을 잊지 않아야 합니다(루카 4,18 참조).

주교는 실제적 청빈과 함께 하늘나라를 위한 '독신과 정결 celibato e verginità'이라는 청빈의 형태도 살아 냅니다(마태 19,12 참조). 이는 단지 독신을 지키는 문제가 아니라, 마음과 행동의 순결을 실천하여 그리스도를 따르는 삶을 살고, 머리이신 그리스도 안에서와 마찬가지로 지체들 안에서 거룩하고 순결한 교회의 참된 모습을 모든 이에게 보여 주는 것입니다. 주교는 추문을 일으킬 수 있는 상황, 특히 미성년자에 대한 모든 학내 사례를 다룰 때 현행 규정을 순수하고, 확고하고 단호하게 임해야 합니다.

끝으로, 목자는 제2차 바티칸 공의회 교부들이 사제의 생활과 교역에 관한 교령 〈사제품〉에서 언급한 인간적 미덕[71]을 함양하도록 부름받았습니다. 이는 주교의 직무, 관계 설정에 큰 도움이 됩니다. 충실함, 진실성, 관대함, 마음과 정신의 열린 자세, 기뻐하는 이들과 함께 기뻐하고 고통받는 이들과 함께 아파하는 역량 등을 들 수 있습니다. 또한 자제력, 섬세함, 인내심, 신중함, 경청과 대화에 탁월한 성향, 봉사하려는 마음도 있습니다. 이러한 미덕들은 우리 각자가 천성적으로 어느 정도 갖추고 있는 것이지만, 성령의 은총으로 예수 그리스도를 닮아 함양하고 발전시켜야 하며 또한 그래야 합니다.

친애하는 여러분, 성모 마리아와 베드로 사도, 바오로 사도의 중재로 여러분과 여러분의 공동체가 가장 필요로 하는 은총을 얻게 되길 빕니다. 특히 여러분이 친교의 사람이 되도록, 교구 사제단의 일치를 항상 증진하도록, 모든 사제가 아무도 예외 없이 여러분의 부성과 형제애, 우정을 체험할 수 있도록 도와주길 빕니다. 이러한 친교의 정신은 사제들의 사목적 헌신을 북돋고, 개별 교회가 일치 안에서 자라나게 합니다.

여러분의 기도 안에서 저를 기억해 주셔서 감사합니다. 저도 여러분을 위해 기도하겠습니다. 마음을 다해 축복합니다.

"주교란 대신덕을 살아 내는 자."

교황님은 주교의 정체성을 설명하시면서 그에게 필요한 덕목들을 설명하셨다. 우선 주교는 자기에게 맡겨진 개별 교회 안에서 일치의 가시적 원리라는 점이다. 곧 분열이 아니라 다양한 사람들, 은사들, 단체들 사이에서 일치의 기초가 되어야 한다는 것이다. 그리고 주교는 대신덕, 곧 믿음과 희망과 사랑의 사목자라는 점이다. 모세의 경우처럼 거센 고난 속에서도 하느님의 약속을 굳게 믿는 신앙인, 그리고 절망적 상황에 처한 사람들을 가까이하면서 단순함과 나눔으로 그들에게 희망을 전달하는 자이다. 또한 사람들 사이에서 경청하는 자세로 그리스도의 사랑을 전달하는 자이다.

27

성부로부터 사랑받고 선택되어 파견된 사람들

> 사제들의 희년, 사제 서품식 미사
> 2025년 6월 27일 금요일

오늘은 지극히 거룩하신 예수 성심 대축일이자 사제 성화의 날입니다. 우리는 기쁨으로 사제들의 희년을 기념하며 성찬례를 거행하고 있습니다.

무엇보다 먼저, 사랑하는 형제 사제 여러분, 베드로 사도의 무덤에서 기도하기 위해 거룩한 문을 통과하여 세례와 사제 서품 의복을 구세주의 성심에 다시금 담그려는 여러분에게 말씀드립니다. 또한, 이 자리에 함께한 몇몇 분에게는 오늘이 평생 단 한 번뿐인 서품식의 날이기도 합니다.

이러한 맥락에서 그리스도의 성심에 대해 이야기한다는 것은 주님의 강생, 죽음, 부활이라는 신비 전체를 이야기하는 것입니다. 그리고 그 신비는 세상 속에서 특별한 방식으로 드러나도록 우리에게 맡겨졌습니다. 그러므로 오늘 들은 말씀을 바탕으로, 우리가 이 구원의 사명에 어떻게 기여할 수 있을지 함께 성찰해 보기로 합시다.

제1독서에서 에제키엘 예언자는 양 떼를 돌보는 목자로서 하느님을 묘사합니다. 그분께서는 양 떼를 하나하나 세시고, 길 잃은 양을 찾아내시며, 상처 입은 양을 치료하시고, 약하고 병든 양을 돌보십니다(에제 34,11-16 참조). 광대하고 파괴적인 분쟁의 시대 속에서, 에제키엘 예언자는 우리에게 하느님의 사랑에는 한계가 없다는 사실을 상기시켜 줍니다. 우리는 그 사랑에 안겨 사랑으로 빚어지도록 부름받았으며, 하느님의 눈과 우리 자신의 눈에 그 어떤 분열이나 미움도 설 자리가 없다는 것을 깨닫게 됩니다.

이어서 제2독서(로마 5,5-11 참조)에서 바오로 사도는 "우리가 아직 나약하던 시절"(로마 5,6)과 "죄인이었을 때"(로마 5,8) 하느님께서 우리와 화해하셨음을 상기시킵니다. 그리고 날마다 회심의 길을 걸으며 우리 안에 머무시는 성령의 변화시키는 힘을 믿고 따를 것을 권고합니다. 우리의 희망은 주님께서 결코 우리를 떠나지 않으시고 항상 함께하신다는 확신에 근거합니다. 그러나 우리는 그분과 협력하도록 부름받았습니다. 무엇보다 먼저, "그리스도교 생활 전체의 원천이며 정점인 성찬"[72]을 우리 삶의 중심에 두어야 합니다. 또한, "성사 생활, 특히 자주 고해성사를 봄으로써"[73] 신앙을 더욱 깊이 살아가야 합니다. 마지막으로, 기도와 말씀 묵상, 사랑의 실천을 통해 우리의 마음이 "자비의 아버지"[74]의 마음을 닮아 가도록 노력해야 합니다.

이 모든 것은 우리가 들은 복음으로 이어집니다(루카 15,3-7 참조). 이 복음은 잃어버린 양 한 마리가 양 떼로 돌아올 때 하느님께서 느끼시는 기쁨을 전하며, 그분의 성심에 따라 사랑하는 모든 목자의 기쁨을 나타냅니다. 이는 아버지의 크신 마음으로 사목적 사랑을 실천하라는 초대이며, 그분의 소망을 우리 안에 키우라는 부름입니다. 아무도 잃어버리지 않고(요한 6,39 참조), 모든 사람이 우리를 통해 그리스도를 알며, 그분 안에서 영원한 생명을 얻게 되기를 바라는 소망입니다(요한 6,40 참조). 또한 예수님과 친밀하게 하나 되어[75] 형제들 사이에서 일치의 씨앗이 되라는 초대입니다. 잃어버린 사람을 어깨에 얹고, 잘못한 사람을 용서하며, 멀어진 사람이나 소외된 사람을 찾아 나서고, 몸과 마음으로 고통받는 이들을 돌보라는 것입니다. 이는 십자가에 못 박히신 예수님의 옆구리에서 솟아나 모든 사람을 감싸고 세상을 채우는 위대한 사랑의 교류 안에서 이루어지는 일입니다. 프란치스코 교황님은 이렇게 말씀하셨습니다. "그리스도 옆구리의 상처에서 끝없이 솟아나는 그 물줄기는 사라지지 않으며, 사랑하기를 원하는 사람에게 언제나 새롭게 주어집니다. 오직 그분의 사랑만이 새로운 인류를 가능하게 할 것입니다."[76]

사제 직무는 그리스도 몸의 일치를 위한 성화와 화해의 직무입니다.[77] 제2차 바티칸 공의회는 사제들에게 "모두를 사랑 안의 일치로 이끌기 위하여 최선을 다하라."라고 요청하며[78], 차이를 조화시켜 "아무도 소외감을 느끼지 않도록" 하라고 권고합니다.[79] 또한, 사제들은 주교와 사제단 안에서 일치를 이루어야 한다고 강조합니다.[80] 우리 사이가 더 크게 일치될수록, 선한 목자의 양 떼로 다른 이들을 이끌고 아버지의 한 집에서 형제로 살아갈 수 있을 것입니다.

아우구스티노 성인은 그의 서품 기념일 강론에서 신자들, 사제들, 주교들을 하나로 묶는 기쁨의 결실에 대해 이야기했습니다. 이는 모두가 동일한 은총과 동일한 자비로 구원받았음을 느끼는 데 그 뿌리를 두고 있습니다. 바로 그 맥락에서 아우구스티노 성인은 유명한 말을 남겼습니다. "저는 여러분을 위해서는 주교이며, 여러분과 함께 그리스도인입니다."[81]

제 교황직 시작을 위한 미사에서, 저는 하느님 백성 앞에서

"화해된 세상을 위한 누룩이 되는, 일치와 친교의 표징인 일치된 교회"라는 큰 소망을 표현했습니다.[82] 오늘 저는 이 소망을 다시 한번 여러분과 나누고자 합니다. 그리스도의 성심에서 풍성하게 흘러나오는 사랑으로 화해하고, 하나가 되며, 변화되어, 겸손하고 단호하게 그분의 발자취를 함께 따라갑시다. 믿음 안에서 굳건히 서고, 사랑 안에서 모든 이에게 열려, 우리가 아버지에게 사랑받고 선택받아 파견되었음을 깨닫는 자유 안에서 부활하신 주님의 평화를 세상에 전합시다.

마무리하기 전에, 주교의 안수와 성령의 신선한 도유로 사제가 될 사랑하는 서품자 여러분께 말씀드리겠습니다. 여러분의 미래와 여러분에게 맡겨질 영혼들을 위해 중요하다고 생각하는 간단한 말씀 몇 가지를 전하고자 합니다.

하느님과 형제들을 사랑하고, 관대해지십시오. 성사 거행과 기도, 특히 미사 중에 열심히 임하며 사목에 힘쓰십시오. 여러분의 양 떼 가까이 있으십시오. 모든 이를 위해 자신을 아끼거나 차별하지 말고 시간을 내어 힘을 다해 봉사하십시오. 이는 십자가에 달리신 그리스도의 찢긴 옆구리와 성인들의 모범이 가르치는 바입니다. 이와 관련하여 교회는 오랜 역사 속에서 많은 훌륭한 사제 성인들을 배출해 왔으며, 그 전통은 오늘날에도 계속 이어지고 있습니다. 초대 공동체부터 교회는 사제들 가운데 순교자, 지칠 줄 모르는 사도들, 선교사들, 사랑의 옹호자들을 키워 냈고, 그들의 삶과 업적을 오늘날까지 기억하고 있습니다. 이 풍부한 유산을 소중히 여기십시오. 그들의 이야기에 관심을 가지고, 그들의 삶과 업적을 배우며, 그들의 덕을 본받고, 그 열정에 불타며 그들의 전구를 자주, 간절히 청하십시오! 오늘날 세상은 종종 의심스럽고 불확실한 성공과 명예를 모델로 제시합니다. 그러한 것에 매혹되어서는 안 됩니다! 믿음과 헌신으로 주님과 형제들을 섬긴 이들의 견고한 모범과, 때로 감춰져 있는 겸손한 사목의 열매를 바라보십시오. 그리고 그들의 기억을 여러분의 충실함으로 이어 가십시오.

마지막으로, 우리 모두를 사제들의 어머니이시며 희망의 어머니이신 복되신 동정 마리아의 모성적 보호에 맡깁시다. 그분께서 우리의 길을 함께하시고 우리의 발걸음을 지탱해 주셔서, 우리가 매일 우리의 마음을 위대하시고 영원한 목자이신 그리스도의 마음에 더욱 일치할 수 있도록 인도해 주시기를 기도합니다.

"사제 직무는 그리스도 몸의 일치를 위한 성화와 화해의 직무입니다."

교황님은 지극히 거룩하신 예수 성심 대축일이자 사제

성화의 날에 사제들을 만나셨다. 우리가 잘 아는 것처럼 사제 성화의 날은 요한 바오로 2세 성인 교황님이 1995년 3월 25일 〈사제들에게 보내는 성목요일 교황 서한〉을 통해 제안한 날이며, 그 의미에 대해서는 같은 해 4월 7일 교황청 성직자성이 보낸 서한에서 잘 드러나 있다. 사제들의 정체성과 사명에 걸맞은 성성[거룩함]의 중요성을 재발견하도록 모든 사제를 독려하고, 교구 전 공동체에 사제직의 존귀함을 일깨우며 교회 안에서 요구되는 사제들의 성화를 위해 기도와 희생을 기꺼이 바치기 위한 것이다.

교황님은 사제의 일치, 사람들 사이의 일치, 그리고 주교와의 일치를 특히 강조하셨다. 또한 예수 성심에서 흘러넘치는 사랑으로 화해하고, 하나가 되어 복음을 선포하는 자가 되라고 말씀하셨다. 그리고 잠깐 스쳐 지나가듯이 언급하셨지만 "그리스도교 생활 전체의 원천이며 정점인 성찬"을 사제 생활의 중심에 두고 "성사 생활, 특히 자주 고해성사를 봄으로써" 신앙을 더욱 깊이 살아가라고 권고하셨다.

28

교회 친교와 생생한 신앙

성 베드로와 성 바오로 사도 대축일 미사 강론,
신임 관구장 대주교 팔리움 강복 및 수여식
2025년 6월 29일 일요일

사랑하는 형제자매 여러분, 오늘 우리는 신앙 안의 두 형제인 성 베드로와 성 바오로 사도 대축일을 지냅니다. 교회의 기둥이신 두 분을 우리는 로마 교구와 로마 시의 수호성인으로 공경합니다. 두 사도의 이야기는 우리 시대를 순례하는 주님의 제자 공동체인 우리에게 깊은 성찰을 요구합니다. 특히 그들의 증언을 통해 저는 두 가지 중요한 측면을 강조하고자 합니다. 바로 '교회의 친교'와 '신앙의 활력'입니다.

우선 '교회의 친교'입니다. 오늘 대축일 전례는 베드로 사도와 바오로 사도가 하나의 운명, 곧 순교를 통해 그리스도와 결정적으로 하나 되는 부르심을 받았음을 드러냅니다. 제1독서는 감옥에 갇힌 베드로가 판결을 기다리는 모습을 보여 주고(사도 12,1-11 참조), 제2독서는 역시 옥중에 있는 바오로 사도가 유언처럼 자신의 피가 하느님께 올리는 포도주와 같이 바쳐지고 있다고 고백하는 장면을 전합니다(2티모 4,6-8.17-18 참조). 베드로와 바오로 사도 모두 복음을 위해 자신들의 목숨을 내놓습니다.

그러나 하나의 신앙 고백 안에서 이루어지는 이 친교는 쉽게 얻어진 것이 아닙니다. 두 사도는 각기 다른 방식으로 신앙을 받아들이고 사도직을 살아온 긴 여정 끝에 이 친교에 이릅니다. 성령 안에서 맺어진 그들의 형제애는 출발점부터 지녔던 서로 다른 차이점을 지워 버리지 않습니다.

시몬은 갈릴래아 어부였고, 사울은 바리사이파 소속의 엄격한 지식인이었습니다. 시몬은 즉시 모든 것을 버리고 주님을 따랐으나, 사울은 부활하신 그리스도께서 변화시키실 때까지 그리스도인들을 박해했습니다. 베드로는 주로 유다인들에게 복음을 전했고, 바오로는 이방인들에게 기쁜 소식을 선포하는 데 온 힘을 쏟았습니다. 우리가 아는 바와 같이, 두 사람 사이에는 이교도들과의 관계를 둘러싼 갈등이 있었습니다. 바오로가 이렇게 고백할 정도였습니다. "그런데 케파가 안티오키아에 왔을 때 나는 그를 정면으로 반대하였습니다. 그가 단죄받을 일을 하였기 때문입니다."(갈라 2,11) 이 문제는 결국 예루살렘 사도 회의에서 다루게 되었고, 그곳에서 두 사도는 다시 만나 논의하게 됩니다.

사랑하는 여러분, 베드로 사도와 바오로 사도의 삶이 우리에게 가르치는 바는 이것입니다. 주님께서 우리를 부르시는 친교는 서로 다른 목소리와 얼굴들이 이루는 조화이며, 각자의 자유를 말소하지 않는다는 것입니다. 우리의 수호성인들은 서로 다른 길을 걷고 다른 생각을 품었으며, 때로는 복음적 진솔함으로 맞서고 충돌하기까지 했습니다. 그럼에도 이런 차이가 '사도들의 일치concordia apostolorum'를 가로막지는 못했습니다. 곧 성령 안에서 맥동하는 친교, 다양성 안에서 풍성한 조화를 누리는 삶을 방해하지 못했습니다. 아우구스티노 성인은 이렇게 증언합니다. "우리는 두 사도의 축일을 한날에 거행합니다. 그들 역시 하나였기 때문입니다. 비록 서로 다른 날에 순교했지만, 그들은 하나였습니다."[83]

이 모든 것이 우리에게 교회적 친교의 여정에 대한 깊은 성찰을 촉구합니다. 친교는 성령의 이끄심에서 시작되어 다양성을 하나로 엮고, 카리스마와 은사, 직무의 다채로움 안에 일치의 다리를 놓습니다. 하나의 신앙을 고백하는 가운데 맺어진 다양한 은사들이 복음 선포에 이바지하도록, 다양성 안에서 일치로 친교를 살아 내는 법을 배우는 것이 중요합니다. 우리는 베드로와 바오로를 바라보며 바로 이 길을 걸어가도록 부름받았습니다. 우리 모두에게 이러한 형제애가 절실히 필요하기 때문입니다. 교회가 이를 필요로 하고, 평신도와 신부, 신부와 주교, 주교와 교황의 관계가 이를 필요로 합니다. 마찬가지로 사목 활동, 교회 일치를 위한 대화, 교회가 세상과 맺고자 하는 우정 어린 관계 역시 이를 절실히 요구합니다. 우리의 다양성을 일치와 친교, 형제애와 화해의 작업장으로 가꾸어 나갑시다. 교회 안에서 저마다 고유한 개인사를 간직한 채로 다른 이들과 더불어 걸어가는 법을 터득하도록 합시다.

베드로 사도와 바오로 사도는 또한 '우리 신앙의 활력'에 대해서도 예리한 질문을 던집니다. 사실 제자가 되는 여정에는 언제나 습관과 형식주의에 안주하고, 스스로 쇄신하지 않으며, 현재의 도전에 등을 돌린 채 틀에 박힌 사목 방식을 되풀이할 위험이 도사리고 있습니다. 하지만 두 사도의 삶에서 우리는 변화에 마음을 열고, 공동체의 사건과 만남, 구체적 상황에서 제기되는 질문들을 기꺼이 받아들이며, 신앙 안의 형제자매들이 던지는 문제와 질문에서 출발해 복음화를 위한 새로운 길을 개척하려는 의지에서 영감을 얻습니다.

우리가 방금 들은 복음의 핵심에는 바로 예수님께서 제자들에게 던지신 질문이 있습니다. 그 질문은 오늘날 우리에게도 해당됩니다. 우리 신앙의 여정이 역동성과 생명력을 간직하고 있는지, 주님과의 관계에서 타오르는 불꽃이 여전히 꺼지지 않았는지 식별하도록 하는 질문입니다. "그러면 너희는 나를 누구라고 하느냐?"(마태 16,15)

날마다, 역사의 매 순간마다, 우리는 항상 이 질문에 귀 기울여야 합니다. 프란치스코 교황님이 거듭 경고하신 바와 같이 그리스도인으로 존재하는 것이 과거의 유물로 전락하지 않으려면, 지치고 경직된 신앙의 위험에서 벗어나 스스로에게 묻는 것이 꼭 필요합니다. 오늘날 예수 그리스도는 우리에게 누구이신가? 우리 삶과 교회 활동에서 어떤 자리를 차지하고 계신가? 우리는 일상에서 어떻게 희망을 증언하고 우리가 만나는 사람들에게 선포할 수 있는가?

형제자매 여러분, 이러한 질문에서 우러나는 식별의 훈련은 우리의 신앙과 교회로 하여금 끊임없이 쇄신되고, 복음 선포를 위한 새로운 방법과 새로운 실천을 체험하게 합니다. 이것이 친교와 더불어 우리의 첫 번째 열망이어야 합니다. 특히 오늘 저는 로마 교회에 당부하고자 합니다. 로마 교회는 다른 모든 교회보다 더욱 일치와 친교의 표징이 되도록 부름받았으며, 생동하는 신앙으로 타오르는 교회, 모든 인간 조건에서 복음의 기쁨과 위안을 증언하는 제자 공동체가 되어야 하기 때문입니다.

베드로 사도와 바오로 사도의 여정이 우리를 가꾸어 나가도록 초대하는 이 친교의 기쁨 안에서, 오늘 팔리움을 받는 관구장 대주교 형제님들에게 인사드립니다. 사랑하는 여러분, 이 팔리움의 상징은 여러분에게 맡겨진 사목 소임을 떠올려 주는 동시에 로마 주교와의 친교를 표현합니다. 그리하여 여러분 각자가 가톨릭 신앙의 일치 안에서, 여러분에게 맡겨진 지역 교회에서 신앙을 키워 나갈 수 있기를 바랍니다.

또한 우크라이나 그리스-가톨릭 주교회의 위원들에게 인사드리고 싶습니다. 이 자리에 함께해 주시고 사목적 열정을 보여 주신 데 감사드립니다. 주님께서 여러분 민족에게 평화를 내려 주시길 빕니다!

우리의 사랑하는 형제 바르톨로메오 1세 보편 총대주교님께서 보내 주신 보편 총대주교구 대표단에게 깊은 감사의 마음으로 인사드립니다.

사랑하는 형제자매 여러분, 베드로 사도와 바오로 사도의 증거로 굳건해져 신앙과 친교 안에 함께 걸어 나가며 우리 모두와 로마 시, 교회와 온 세상에 그들의 전구를 청합시다.

"친교는 서로 다른 목소리와 얼굴들이 이루는 조화이며, 각자의 자유를 말소하지 않는다는 것."

교황님은 새롭게 임명된 관구장 대주교들에게 팔리움을 수여하시면서 일치, 친교의 중요성을 강조하셨다. 베드로 사도와 바오로 사도의 삶을 통해 우리는 그리스도께서 원하시는 친교란 목소리가 서로 달라도 조화를 이루는 것임을 배워야 한다는 것이다. 또한 교황님은 아우구스티노 성인의 말씀 "우리는 두 사도의 축일을 한날에 거행합니다. 그들 역시 하나였기 때문입니다. 비록 서로 다른 날에 순교했지만, 그들은 하나였습니다."[84]라는 말씀을 인용하면서 두 사도가 보여준 참된 친교의 삶을 살도록 권고하셨다.

레오 14세 교황 약력

- **1955년 9월 14일**
  미국 일리노이주 시카고에서 태어났으며, 본명은 로버트 프랜시스 프레보스트이다.

- **1977년 9월 1일**
  미국 세인트루이스의 '착한 의견의 성모 관구의 성 아우구스티노 수도회'에 입회했다.

- **1978년 9월 2일**
  첫 서원을 했다.

- **1981년 8월 29일**
  장엄 서원을 했다.

- **1982년 6월 19일**
  로마 성 아우구스티노 성당에서 사제 서품을 받았다.

- **1984년**
  교황청립 성 토마스 아퀴나스 대학교에서 교회법 석사 학위를 받았다.

- **1985~1986년**
  페루 피우라주의 출루카나스에서 선교 활동을 했다.

- **1987년**
  "성 아우구스티노 수도회에서 지역 장상의 역할"이라는 논문으로 박사 학위를 받았다. 같은 해 미국 성 아우구스티노 수도회 착한 의견의 성모 관구의 성소 책임자 겸 선교 책임자로 선임되었다.

- 1988년
페루 트루히요 선교지로 파견되었으며, 수도회 공동체 장상(1988~1992),
양성 책임자(1988~1998), 유기 서원 책임자(1992~1998)를 역임했다. 트루히
요대교구에서는 사법 대리(1988~1998)를 맡았다.
- 1999년
시카고 '착한 의견의 성모 관구'의 관구장으로 선출되었다.
- 2001년
아우구스티노 성인 수도회 총장으로 선출되어 2013년까지 역임했다.
- 2013년 10월
시카고 관구 양성 책임자 겸 관구장 대리를 역임했다.
- 2014년 11월 3일
페루 치클라요교구장 서리로 임명되었다.
- 2014년 12월 12일
치클라요교구 주교좌 성당에서 주교 서품을 받았다.
- 2015년 9월 26일
페루 치클라요교구장 주교로 임명되었다.
- 2023년 1월 30일
교황청 주교부 장관 겸 교황청 라틴 아메리카 위원회 위원장으로 임명되
었다.
- 2023년 9월 30일
프란치스코 교황에 의해 추기경으로 서임되었다.
- 2025년 5월 8일
가톨릭 교회의 267대 교황으로 선출되어 교황명을 레오 14세로 정했다.

미주

1. 바오로 6세 성인 교황, 세계 전교 주일 담화, 1971년 6월 25일.
2. 《로마 미사 경본》 126항.
3. 제2차 바티칸 공의회의 현대 세계의 교회에 관한 사목 헌장 〈기쁨과 희망〉 22항 참조.
4. 제2차 바티칸 공의회의 교회에 관한 교의 헌장 〈인류의 빛〉 1항 참조.
5. 안티오키아의 이냐시오 성인, 《로마인들에게 보낸 편지》.
6. 같은 책, 4장 1.
7. 베네딕토 16세 교황, 회칙 〈희망으로 구원된 우리〉 2 참조; 프란치스코 교황, 칙서 〈희망은 우리를 부끄럽게 하지 않습니다〉 3 참조.
8. 바오로 6세 성인 교황, 전 인류 가족에게 보내는 메시지 〈Qui fausto die〉, 1963년 6월 22일.
9. 아우구스티노 성인, Discorso 311.
10. 프란치스코 교황, 〈Urbi et Orbi〉 메시지, 2025년 4월 20일.
11. 교황 레오 13세, 회칙 〈새로운 사태〉 9항 참조.
12. A.아우구스티누스, 최민순 역, 《고백록》, 바오로딸, 2023, 30쪽.
13. 아우구스티노 성인, Discorso 359, 9.
14. 회칙 〈새로운 사태〉 21항 참조.
15. 아우구스티노 성인, Enarrationes in Psalmos 127, 3.
16. 프란치스코 교황, 〈세계 평화와 더불어 사는 삶을 위한 '인간의 형제

애' 선언〉, 2019년 2월 4일.
17. 제2차 바티칸 공의회의 비그리스도교와 교회의 관계에 대한 선언 〈우리 시대〉 3항.
18. 아우구스티노 성인, Discorso 34, 2.
19. 아우구스티노 성인, Enarrationes in Psalmos 130, 9.
20. 프란치스코 교황, 성 바오로 사도의 회심 축일 제2 저녁 기도 강론, 2024년 1월 25일 참조.
21. 베네딕토 성인, 수도 규칙 제53장, 제63장 참조.
22. 베네딕토 16세 교황, 청년들과의 밤샘 기도 강론, 2011년 8월 20일.
23. 아우구스티노 성인, Discorso 34, 2.
24. 프란치스코 교황, 권고 〈복음의 기쁨〉 46-49항, 139-141항 참조. 〈일반알현 교리 교육〉, 2016년 1월 13일 참조.
25. 아우구스티노 성인, Discorso 340,1 참조.
26. 대大 레오 교황, Sermone 5, de natali ipsius, 4.
27. 요한 바오로 1세 복자 교황, 로마 주교좌 착좌 미사 강론, 1978년 9월 23일.
28. 프란치스코 교황, 삼종기도 훈화, 2025년 1월 1일.
29. 바오로 6세 성인 교황, 회칙 〈인간 생명〉 9항 참조.
30. 아우구스티노 성인, Enarrationes in Psalmos 127 참조.
31. 프란치스코 교황, 교황령 〈복음을 선포하여라〉 제44-45조 참조.
32. 바오로 6세 성인 교황, 사도 헌장 〈Regimini Ecclesiae universae〉, 1967년 8월 15일.

33. 같은 문헌.
34. 프란치스코 교황, 교황령 〈복음을 선포하여라〉 제 45-46조 참조.
35. 바오로 6세 성인 교황, 로마 교황청에 행한 연설, 1963년 9월 21일.
36. 프란치스코 교황, 회칙 〈찬미 받으소서〉 16항; 117항 참조.
37. 아우구스티노 성인, Discorso, 271, 1.
38. 베네딕토 16세 교황, 성령 강림 대축일 강론, 2005년 5월 15일.
39. 프란치스코 교황, 성령 강림 대축일 미사 강론, 2023년 5월 28일.
40. 한스 우르스 폰 발타사르, 《코르둘라, 또는 교회의 진지한 핀실》, 브레시아, 1969년, 45-46쪽.
41. 바오로 6세 성인 교황, 자의 교서 〈Sollicitudo omnium Ecclesiarum〉 서론 참조.
42. 아우구스티노 성인, Discorso 311 참조. Commento al Vangelo di San Giovanni, Omelia 77 참조.
43. A. 아우구스티누스, 최민순 역, 《고백록》, 바오로딸, 2023, 30쪽.
44. A. 아우구스티누스, 최민순 역, 《고백록》, 바오로딸, 2023, 30쪽.
45. 제네바의 살로니오 성인, 《In Parabolas Salomonis expositio mystica》 참조. 나지안조의 그레고리오 성인, 《Carmina》 I, 2, 589 참조.
46. 요한 바오로 2세 성인 교황, 스포츠인의 희년을 위한 강론, 1984년 4월 12일.
47. 요한 바오로 2세 성인 교황, 스포츠인의 희년을 위한 미사 강론, 2000년 10월 29일.
48. 바오로 6세 성인 교황, 이탈리아 스포츠 센터 회원들에게 한 연설, 1965년 3월 20일.
49. 같은 연설.
50. 프란치스코 교황, 세계 청년 대회 자원봉사자들에게 한 연설, 2023

년 8월 6일.
51. 아우구스티노 성인, 《De Genesi ad litteram》 V, 23, 44-45.
52. 비오 11세 교황, 이탈리아 가톨릭 대학연맹 연설, 1927년 12월 18일.
53. 프란치스코 교황, 회칙 〈모든 형제들〉 176-192항 참조.
54. 회칙 〈새로운 사태〉 1항 참조.
55. 아우구스티노 성인, 《신국론》 XIV, 28절 참조.
56. 키케로, 《국가론》 III, 22절 참조.
57. 프란치스코 교황, G7 인공지능 회의 담화, 2024년 6월 14일.
58. 요한 바오로 2세 성인 교황, 교황령 〈성 토마스 모어〉, 2000년 10월 31일, 4항.
59. 아우구스티노 성인, Sermo, 130,2.
60. 《가톨릭 교회 교리서》 1413 참조.
61. 교회에 관한 교의 헌장 〈인류의 빛〉 3항.
62. 요한 바오로 2세 성인 교황, 권고 〈현대의 사제 양성〉 43항 참조.
63. 프란치스코 교황, 회칙 〈그리스도께서 우리를 사랑하셨습니다〉 참조.
64. 같은 문헌, 17항 참조.
65. 제2차 바티칸 공의회의 현대 세계의 교회에 관한 사목 헌장 〈기쁨과 희망〉 22항 참조.
66. 프란치스코 교황, 서한 〈양성에서 문학의 역할〉, 2024년 7월 17일 참조.
67. 제2차 바티칸 공의회의 현대 세계의 교회에 관한 사목 헌장 〈기쁨과 희망〉 62항 참조.
68. 교황청 성직자성(현 성직자부), 사제 양성의 기본 지침, 〈사제 성소의 선물〉, 2016년 12월 8일, 97항 참조.
69. 회칙 〈그리스도께서 우리를 사랑하셨습니다〉 19항 참조.

70. 프란치스코 교황, 희년 선포 칙서 〈희망은 우리를 부끄럽게 하지 않습니다〉 3항 참조.
71. 제2차 바티칸 공의회의 사제의 생활과 교역에 관한 교령 〈사제품〉 3항 참조.
72. 제2차 바티칸 공의회의 교회에 관한 교의 헌장 〈인류의 빛〉 11항.
73. 제2차 바티칸 공의회의 사제의 생활과 교역에 관한 교령 〈사제품〉 18항 참조.
74. 같은 문헌 참조.
75. 같은 문헌, 14항 참조.
76. 회칙 〈그리스도께서 우리를 사랑하셨습니다〉, 219항.
77. 제2차 바티칸 공의회의 교회에 관한 교의 헌장 〈인류의 빛〉, 7항 참조.
78. 제2차 바티칸 공의회의 사제의 생활과 교역에 관한 교령 〈사제품〉 9항 참조.
79. 같은 문헌 참조.
80. 같은 문헌, 7-8항 참조.
81. 아우구스티노 성인, Discorso 340, 1.
82. 레오 14세 교황, 베드로 직무 개시 미사 강론, 2025년 5월 18일.
83. 아우구스티노 성인, Discorso 295, 7.7.
84. 같은 문헌.